“最多跑一次”改革

中共浙江省委党校 浙江行政学院 编著
陆发桃 主编 陈宏彩 副主编

浙江出版联合集团
浙江人民出版社

图书在版编目（CIP）数据

“最多跑一次”改革 / 中共浙江省委党校,浙江行政学院编著. —杭州 : 浙江人民出版社, 2018.4

ISBN 978-7-213-08705-9

Ⅰ. ①最… Ⅱ. ①中… ②浙… Ⅲ. ①地方政府-行政管理-政治体制改革-研究-浙江 Ⅳ. ①D625.55

中国版本图书馆 CIP 数据核字(2018)第 052139 号

“最多跑一次”改革

中共浙江省委党校 浙江行政学院 编著

出版发行：浙江人民出版社(杭州市体育场路 347 号 邮编 310006)

市场部电话：(0571)85061682 85176516

集团网址：浙江出版联合集团 http://www.zjcb.com

责任编辑：张炳剑

责任校对：徐永明

封面设计：仙境设计

电脑制版：杭州大漠照排印刷有限公司

印 刷：杭州富春印务有限公司

开 本：710 毫米×1000 毫米 1/16 印 张：13.75

字 数：161 千字 插 页：2

版 次：2018 年 4 月第 1 版 印 次：2018 年 4 月第 1 次印刷

书 号：ISBN 978-7-213-08705-9

定 价：48.00 元

坚持以人民为中心的发展思想
将“最多跑一次”改革进行到底

（代序）

车　俊

以人民为中心的发展思想，是以习近平同志为核心的党中央治国理政新理念新思想新战略的重要内涵。浙江省遵循“把以人民为中心的发展思想体现在经济社会发展各个环节，做到老百姓关心什么、期盼什么，改革就要抓住什么、推进什么，通过改革给人民群众带来更多获得感”的要求，于 2016 年 12 月率先提出实施“最多跑一次”改革。这是习近平同志在浙江工作时倡导的机关效能建设、政府自身改革的再推进再深化，也是推进供给侧结构性改革和“放管服”改革、优化发展环境、加强党风廉政建设的重大举措。我们要认真贯彻落实习近平总书记系列重要讲话精神，深入践行以人民为中心的发展思想，下定决心将“最多跑一次”改革进行到底，努力做到“干在实处、走在前列、勇立潮头”。

一、“最多跑一次”改革是践行以人民为中心发展思想的浙江探索

“最多跑一次”，是指群众和企业到政府办理一件事情，在申请

材料齐全、符合法定受理条件时，从受理申请到形成办理结果全过程只需一次上门或零上门。“最多跑一次”改革是一场以人民为中心的改革，是一场从理念、制度到作风的全方位深层次变革，体现了我们党全心全意为人民服务的根本宗旨，彰显了全面深化改革的根本价值取向。

“最多跑一次”改革的根本理念和目标就是让人民群众有更多获得感。习近平同志强调，要“多推有利于增强人民群众获得感的改革”。这些年，我们一以贯之、与时俱进地加强机关效能建设，在减权放权和方便群众办事上取得明显成效。但是，群众反映“办事慢、办事繁、办事难”问题仍然不同程度存在，为了办成一件事情往往需要到有关部门跑多次，不仅耗时费力，而且闹心费神。“最多跑一次”改革应群众需求而生、为解决问题而变，坚持需求导向、问题导向、效果导向，从与群众生产生活关系最紧密的领域和事项做起，在群众反映最强烈、最渴望解决、最难办的事情上突破，努力做到群众到政府办事“最多跑一次是常态、跑多次是例外”，以实际行动增强人民群众实实在在的获得感。这是“最多跑一次”改革最鲜明的导向，也是最根本的出发点和落脚点。

“最多跑一次”改革的核心内涵就是以群众感受为标准倒逼深化政府自身改革。党的十八大以来，以习近平同志为核心的党中央多次强调，要转变政府职能，创新行政管理方式，建设法治政府和服务型政府。“最多跑一次”改革坚持换位思考，从群众的视角思考政府改革，用群众的语言设定改革目标，以群众的感受确立改革标准，努力打造“审批事项最少、办事效率最高、政务环境最优、群众和企业获得感最强”的省份。

这项改革的评判权在群众手中，坚持“让实践来检验、让基层来评判、让群众来打分”，变自我评价为群众评价，变群众观望为群众参与，让群众成为改革的监督者、评判者、推动者。实践证明，群众感受的“小变化”造就了政府运行的“大变革”。从“跑多次”到“最多跑一次”的变化不是简单量变，其带来的是政府职能的深刻转变、权力运行方式的深刻变革和“互联网＋政务服务”的深化运用。这是“最多跑一次”改革最鲜明的特征，也是推动“最多跑一次”改革的重要动力。

“最多跑一次”改革彰显的作风就是想群众之所想、急群众之所急。习近平同志明确指出，作风问题核心是党同人民群众的关系问题。“最多跑一次”改革既是一场制度变革，也是密切联系群众的精神洗礼、作风锤炼过程。这项改革变“群众跑”为“干部跑”，把麻烦留给干部、把方便让给群众，用干部的“辛苦指数”换取群众的“满意指数”。各级各部门的负责同志纷纷以普通群众身份到窗口体验办事过程，现场解决问题，进一步密切了党群、干群关系。全省上下机关干部把群众的事当作自己的事来办，赢得了人民群众的普遍好评。我们深刻体会到，人民群众的获得感就是我们干部从政的成就感，只要我们真心为群众服务，群众就会真心拥护我们。这是“最多跑一次”改革最鲜明的成效，也是我们抓改革工作的切身体会。

二、以创新和实干精神推进“最多跑一次”改革说到做到

“最多跑一次”是浙江省委、省政府向全省人民作出的承诺。在 2017 年全国人大浙江代表团开放日活动中，香港记者问“最多跑一次”能否做到，我明确回答“浙江有条件实现、有能力实现，而且一定要实现”。既然作出了承诺，就必须说到做到。我们牢记“凡

是为民造福的事一定要千方百计办好”的嘱托，唱响创新和实干的最强音，明知山有虎、偏向虎山行，把“最多跑一次”改革不断向纵深推进。

站在群众角度界定“一件事情”，分批梳理公布“最多跑一次”事项。传统的行政审批以不同部门相互分割的“事项”为标准，群众眼中的“一件事情”往往由一个或多个部门的多个“事项”构成。在“最多跑一次”改革中，我们以群众眼中的“一件事情”为标准整合归并相关事项，推进一件事情全流程最多跑一次。截至7月底，省级部门“最多跑一次”事项889项，占同级全部事项的93%；设区市本级平均845项，占81%；县（市、区）平均732项，占90%。根据2016年的统计数，省市县三级“最多跑一次”事项办件量占全部年办件量的90%以上。

大力推行“一窗受理、集成服务”，推动群众办事从“找部门”到“找政府”转变。政府部门职能分工过细、各自为战、办公场所分散，是造成一件事跑多次的重要原因。我们运用习近平同志倡导的系统集成方法，以“一窗受理、集成服务”为主抓手推进“最多跑一次”改革。加强市、县行政服务中心建设，推进承担审批和服务职能的处科股向行政服务中心集中，将原来按部门职能分设的窗口整合为投资项目审批、商事登记、不动产交易登记、医保社保、公安服务等综合窗口，全面推行“前台综合受理、后台分类审批、综合窗口出件”的政务服务新模式，使群众只需进行政服务中心“一个门”、到综合窗口“一个窗”就能把“一件事”办成。积极推进“一窗受理、集成服务”改革向基层延伸，加强乡镇（街道）便民服务平台和村（社区）代办点建设，推行“乡镇（街道）、村（社区）前台综合受理，县级后台分类办理，乡镇（街道）、村（社区）统一窗口出件”的服务模式，努力实现政务服务“就近能办、同城通办、异地可办”。

聚焦重点难点攻坚克难，在群众最渴望解决、最难办的事情上寻找突破。“最多跑一次”改革的关键，在于什么事难办就办什么事。面对难啃的“硬骨头”，关键是要有决心和担当。我们大力推进不动产交易登记改革，成功实现交易备案、税款征缴、不动产登记全业务全过程“最多跑一次”。持续深化商事登记制度改革，在全省范围推行 20 个领域“证照联办”、12 个事项“多证合一、一照一码”，推动企业“一照一码走天下”。特别是针对企业投资项目审批制度改革这个难度最大的矛盾焦点，我们充分调研并制定了具体改革方案，推行企业投资项目承诺制，完善投资项目在线审批监管平台，实施“区域能评、环评＋区块能耗、环境标准”和“多评合一、多审合一、多测合一”，推进涉政审批中介改革，推广“一口受理、在线咨询、网上办理、代办服务、快递送达”办理模式，到 2017 年底前要实现企业投资项目开工前审批“最多跑一次”。

推进网上网下融合，更多依靠网络让群众“不用跑”。互联网、大数据等信息技术，是推进“最多跑一次”改革的关键技术支撑。我们深入推进“互联网＋政务服务”，以数据共享推动业务协同，让数据多跑路、让群众少跑腿甚至不跑腿。制定《浙江省公共数据和电子政务管理办法》，确立电子签名、电子证照等法律效力，确保网上办事于法有据。依托省、市、县、乡、村五级联动的浙江政务服务网，推进权力事项集中进驻、网上服务集中提供、政务信息集中公开、数据资源集中共享，做到“一网通办”。建成“12345”统一政务咨询投诉举报平台，完善办事咨询服务体系，统一处理群众投诉举报。“信息孤岛”是推进“最多跑一次”改革必须打通的堵点。我们多次研究部署，下大力气推进各级各部门信息系统互联、基础数据库建设和公共数据共享，推动“一次录入、大家共用”和“一个数据用到底”。

强化事中事后监管，以更有效的“管”促进更大的“放”和更优的“服”。转变“重审批、轻监管、弱服务”的传统管理模式，从“严进宽管”转向“宽进严管”，是“最多跑一次”改革的题中之义。我们提出“服务零距离、监管不扰民”，推进“最多跑一次”改革向事中事后监管延伸。联动推进行政审批制度改革、综合行政执法体制改革和社会信用体系建设，在进一步精简事前审批的同时，探索智慧监管、审慎监管，全面推行“双随机、一公开”监管，推动行政处罚等监管信息全面纳入信用体系，构建“事前管标准、事中管达标、事后管信用”的监管体系。加强基层治理体系“四个平台”建设，推进综合执法、市场监管力量下沉，打造“多员合一、一员多用”的全科网格，不断提升基层一线的事中事后监管能力。

注重标准化和法治化，在改革实践中形成更多制度性成果。“最多跑一次”改革不做数量文章、形式文章、短期文章，要见质量、重效果、常态化，形成不可逆的改革成果。我们把标准化作为基础工作和长效机制，以“减层级、减事项、减材料、减环节”为抓手，制定省级标准《政务办事“最多跑一次”工作规范》，构建规范的办事事项和办事指南。认真总结推广实践中的好做法，并上升为制度性成果巩固下来，提升改革的制度化水平。针对实践中遇到的法律法规及规章制度问题，积极向国家有关部门反映，同时按照法定权限、法定程序进行清理、修改和完善。在桐庐县开展“最多跑一次”改革与法规规章衔接的绿色通道试点，为改革攻坚克难提供法治支撑。

三、用“最多跑一次”改革增创浙江改革发展新优势

浙江发展首要的优势在体制机制，关键的举措在深化改革。省

第十四次党代会旗帜鲜明地提出，要更高地举起改革大旗，突出改革强省工作导向，以“最多跑一次”改革撬动各方面各领域改革。当前，“最多跑一次”改革已经在诸多方面取得重大实质性突破，显现出牵一发动全身、一子落满盘活的示范带动效应，引领形成了浙江改革发展的新优势。

“最多跑一次”改革撬动供给侧结构性改革落地见效，改出了经济转型升级的加速度。深化供给侧结构性改革，既需要有效的市场，也需要有为的政府。“最多跑一次”改革以更好发挥政府作用为着力点，致力于把该管的事管住管好，把该放的权放开放到位，使市场在资源配置中起决定性作用。“有形之手”和“无形之手”共同作用，降低了各类市场主体的负担特别是制度性交易成本，让企业和个人可以集中精力去发展经济、创造财富；降低了就业创业的市场准入门槛，激发全社会创业创新活力，促进传统动能修复和新动能培育；缩短了供需匹配的时滞，增强了供给结构对需求变化的适应性和灵活性，为提高供给体系质量和效率打开了通道。2017 年上半年全省生产总值增长 8%，1—8 月财政总收入增长 14.7%，实体经济全面振兴，企业家信心指数连续四个季度上扬，高新技术、装备制造、战略性新兴产业增加值增速均在 10%以上，新设企业数增长 24%，民间投资占投资总额的比重达到 57.9%。

“最多跑一次”改革撬动“放管服”改革先人一步，改出了现代政府治理的新维度。“最多跑一次”改革全面落实“放管服”改革要求，在行政审批制度改革和“四张清单一张网”改革的基础上完成关键一跃，实现了减权限权治权和优化服务的有机统一。这项改革促进了政府职能转变，做到审批更简、监管更强、服务更优；引发权力运行方式变革，使权力运行从处科股的“小循环”变成部门内部的“中循环”、跨部门的“大循环”，明显提高了机关效能；引发政府治理的技术变革，使互联网、大数据与政务服务紧密结合起来，加快迈向“数据政府”“智慧政府”；还将进一步引发政府组织结构变革，理顺部门职责关系，对深化机构改革提供有益的基层探索。

“最多跑一次”改革撬动发展环境持续优化，改出了人民群众的满意度。“最多跑一次”改革把做好优化服务的“乘法”放在突出位置，着力为群众办事提供“店小二”式服务、创造一流环境。市场准入领域改革深入推进，进一步降低准入门槛、规范市场秩序，营造了公平竞争的市场环境；下大力气解决企业投资项目审批等难啃的“硬骨头”，加快营造与国际接轨的投资环境；政务服务能网上办理的就网上办理，必须现场办理的减次数、减时间，营造了便民高效的政务环境；一大批与群众生活密切相关的民生事项实现“最多跑一次”，大大减少了群众办事的奔波之苦和心情之烦，营造了舒适便利的生活环境。在人大、政协开展的调研督察、民主监督中，广大群众普遍认为“最多跑一次”改革抓得准、抓得实，抓到了群众的所需所盼，抓到了老百姓心坎上。根据特定对象电话回访 2 万份问卷调查，群众对“最多跑一次”改革成效满意率达到 95.7%，“最多跑一次”实现率达到 82.6%；根据 5691 名办事群众面对面调查，群众对这项改革的满意率达到 96.2%；根据网民意见抽样调查，持正面态度的网民占 90.9%，88%的网民表示“到政府办事比以前更加方便”。

“最多跑一次”改革撬动党风廉政建设，改出了“清廉浙江”建设的新高度。“最多跑一次”改革以“治权”为重中之重，着力健全结构合理、配置科学、程序严密、制约有效的权力运行机制，扎紧了制度的笼子。特别是通过全面整合和优化审批流程，推动政务服务标准化、法治化，强化了群众参与、群众评价、群众监督，推动了政务公开，使权力运行变得更加规范有序、公平透明。这有助于管住权力的“任性”，革除与审批发证相关联的寻租权力和不当利益，构建“亲”“清”新型政商关系，铲除滋生腐败的寻租空间。

“道之所在，虽千万人吾往矣。”浙江“最多跑一次”改革正处在破冰期，但已初步显现了成效。我们将站在更高起点上谋划和推进改革，坚决推动“最多跑一次”从承诺变为现实、由理念化为制度。以此为牵引，全力抓好国家级重大改革试点落地见效，谋划实施一批群众最期盼、发展最急需的重大改革举措，努力在加强最优制度供给、营造最佳营商环境、释放最大改革红利上“更进一步、更快一步”，以“将改革进行到底”的决心和气魄，开创浙江全面深化改革的新局面。

（原载《求是》杂志 2017 年第 20 期）

目录
CONTENTS

导　　论

党的十八大以来，以习近平同志为核心的党中央坚持以人民为中心的发展思想，大刀阔斧地进行改革，创造了令人瞩目的成绩，中国人民的道路自信、理论自信、制度自信和文化自信空前高涨，中华民族比历史上任何时期都更接近民族复兴的伟大目标。在党中央、国务院的坚强领导下，浙江省委、省政府高举改革创新大旗，坚定不移地推进“最多跑一次”改革，并将“最多跑一次”改革作为撬动经济社会各领域改革的总抓手、推进供给侧结构性改革和党风廉政建设的重要举措、再创浙江体制机制新优势和释放市场经济活力的重要路径。经过一段时期的艰苦卓绝的努力，阶段性目标已经顺利实现，政府办事效率和服务质量大幅度提升，人民群众对改革的认同感和获得感明显增强。正因为如此，浙江的改革受到各方面的关注，也值得我们进行理论上的反思与总结。

从根本上讲，“最多跑一次”改革是以人民为中心的发展思想在浙江大地的切实贯彻和具体实践。以人民为本位、以人民为中心，是我们党永葆生机和活力的重要源泉，是我们一切工作的出发点和归宿点。“最多跑一次”改革彰显的是人民的主体地位和政府的服务角色，主要体现在：从人民群众的办事体验出发而不是从政府自身管理的需要出发进行政府改革，时时处处为人民群众着想；让干部和数据多跑路，让群众和企业少跑路甚至不跑路；让政府过紧日子，让群众和企业过好日子；让人民满意，让人民评判，人民群众在你心中有多重，你在人民群众心中就有多重；让人民群众分享改革开放的成果，不断增强群众对改革的认同度和获得感。“最多跑一次”改革是政府建设的自我革命，也是“以人民为中心”的观念革新和思想洗礼。

从时代意义来看，“最多跑一次”改革是“干在实处、走在前列、勇立潮头”的浙江精神的生动实践。特定的文化精神是经济社会发展的不竭动力。敢为人先、务实创新的浙江精神在新的历史时期再次发扬光大，激励浙江党政干部迎难而上、克难攻坚，将“最多跑一次”进行到底。“最多跑一次”改革也是“放管服”结合的浙江样本。“最多跑一次”改革要求政府坚持能放则放、能简则简的原则，不断缩减和下放各种权力，最大限度地减轻群众和企业的负担，直到许多事项一次性、便利性办结。“最多跑一次”改革下放的是权力，强化的是监管。“最多跑一次”改革进一步理顺了审批和监管的关系，彻底扭转过去重审批、轻监管的局面。“最多跑一次”改革直接提升了政府的服务品质，以此推动整个公共服务的发展，打造名副其实的服务型政府。“最多跑一次”改革还是政府建设的倒逼机制，倒逼政府的服务理念、管理体制、流程设计、联动机制、管理方式等产生广泛而深刻的变化。

从实践基础来看，浙江多轮行政审批制度改革和“四张清单一张网”建设为“最多跑一次”改革奠定了坚实的基础。自 1999 年上虞市建立全国首家行政服务中心以来，浙江先后启动五轮行政审批制度改革，大幅度削减行政审批事项，放权于企业、放权于社会、放权于基层。在此基础上，政府权力清单、责任清单、企业投资项目负面清单、政府财政专项资金管理清单等相继出台，使政府权力运行进一步规范化、法治化、透明化。随着信息网络技术的迅猛发展，政府的管理方式、服务方式发生了很大的变化。浙江顺应信息社会的发展趋势，积极推进政务服务网的整合互通，“互联网＋政务服务”日新月异。所有这些，为“最多跑一次”改革的顺利推行奠定了坚实的体制、制度和技术基础。如果说行政审批制度改革和“四张清单一张网”建设解决的是“是否需要跑”的问题，“最多跑一次”改革解决的就是“需要跑几次”的问题。正因为如此，“最多跑一次”改革是浙江“放管服”改革的崭新阶段。

“最多跑一次”改革必须重视顶层设计。作为浙江的头号改革工程，省委、省政府主要领导一直高度重视这项工作，并且亲力亲为、锲而不舍。2017 年 2 月，浙江省人民政府颁布了作为改革总体方案的《加快推进“最多跑一次”改革实施方案》（以下简称《实施方案》）。《实施方案》共分为总体要求、职责分工、实施步骤、配套措施、保障措施五个部分，为“最多跑一次”改革确立了明确的任务书、时间表及路线图。根据《实施方案》的要求，各省级单位率先垂范，在省编办的统筹协调下，积极推进“最多跑一次”改革规范化建设、公共数据的共享开放、政府流程的优化再造、“互联网＋政务服务”的深化推广以及涉政中介的精简优化，等等。《浙江省公共数据和电子政务管理办法》《关于全面推进行政服务中心“一窗受理、集成服务”改革工作的通知》《政务办事“最多跑一次”工作规范》《关于协同推进全省不动产登记“最多跑一次”工作的通知》《关于加快推进“多证合一、一照一码”改革的通知》《关于加快推进企业投资项目“最多跑一次”改革的实施意见》《关于贯彻落实“最多跑一次”改革决策部署全面推进施工图联合审查的实施意见》《浙江省人民政府办公厅关于全面推行“区域环评＋环境标准”改革的指导意见》《浙江省深化“互联网＋政务服务”工作方案的通知》等规范性文件的出台，标志着“最多跑一次”改革省级层面的制度框架基本确立。随着改革的深入，“最多跑一次”的标准化、规范化、法治化水平不断提升。

“最多跑一次”改革也必须充分尊重各地的首创精神。为了改变行政服务中心发展相对滞缓的状况，衢州市将以往民众办事“逐一找部门、逐一找窗口”的流程进行彻底再造，推行“一窗受理、集成服务”的全新工作模式。这一模式取得了很好的效果，成为“最多跑一次”改革的重要制度架构。杭州市以信息化助推“跑一次”，并从知名 IT 企业聘请 70 名技术骨干打通信息孤岛。此外，嘉兴市的市县同权、审批一体化改革，绍兴市的“中介服务超市”建设等，都是以“最多跑一次”改革倒逼管理和服务创新的重要举措。为了深入推进“最多跑一次”改革，有些地方坚持“百名局长坐窗口”，让局长亲身感受行政权力的真实运行状况；有些地方尝试“千名群众挑刺”，给千名前来办事的群众发放问卷调查表，积极听取群众的意见和建议，不断优化办事流程、改进制度设计；有些地方领导陪同群众办事或以普通群众的身份办事，体验“最多跑一次”改革是否真正到位，哪些方面还应加大力度。

经过各方的共同努力，“最多跑一次”改革取得了令人满意的成效。2016 年 12 月，时任浙江省委副书记、代省长车俊在省委经济工作会议上倡议，要以“最多跑一次”的理念和目标深化政府自身改革。他在 2017 年 1 月召开的浙江省“两会”上作政府工作报告时进一步提出：到 2017 年底确保实现“最多跑一次”覆盖 80％左右的行政事项，基本实现群众和企业到政府办事“最多跑一次是原则、跑多次是例外”的要求。据 8 月初的第三方评估结果，群众对“最多跑一次”改革成效给予满意、比较满意评价的比例达 86.9％，90.6％的受访者认为“到政府办事比以前更方便”。经过三批梳理，同时对因法律法规和规章修改而取消归并的办事事项进行清理，目前，省级已公布“最多跑一次”事项889项（含中直单位在浙机构285项），设区市本级平均845项，县（市、区）平均732项，都达到同级企业和群众到政府办事事项的80%以上。这些数据表明，“最多跑一次”改革已经提前实现阶段性目标，人民群众的认同度、获得感得到较大幅度提升。“最多跑一次”改革撬动了政府部门协同机制的建立，撬动了政府数据资源的共建共享，撬动了“放管服”改革的不断深化和政务服务网的互联互通，撬动了经济社会各领域的改革。在“最多跑一次”改革精神指引下，全省机关效能建设和作风建设再深化、再提速，政府部门预约服务、错时服务、延时服务、容缺服务、批量服务、上门服务等蔚然成风。

我们不得不承认，改革不能一蹴而就，前进道路上仍然面临诸多困难和瓶颈。其一，数据共享在短时间内难以彻底解决。数据共享在一定范围内可以较快地实现，但全方位、跨层级共享需要各方面的共同努力，甚至国家层面的顶层设计与推动。数据格式、技术标准不统一，也严重制约部分已经共享数据的应用实效。其二，网络平台的互联互通任重道远。“村村点火、户户冒烟”的网络平台格局，在历史上曾经发挥了重要作用，有力地推动了政府效能的提高。但是，接口不统一，技术参数不一致，使网络平台成为部门协同的最大障碍。其三，体制机制建设仍然相对滞后。“最多跑一次”改革越向纵深方向推进，越触及政府管理中的体制机制问题。甚至每前进一步，都需要扫清可能存在的体制机制障碍。各级政府部门是否愿意拿出前所未有的勇气锐意改革，关系到改革的成败。

尽管如此，我们必须勿忘初心，砥砺前行。推动国家治理体系和治理能力的现代化，是以习近平同志为核心的党中央矢志不移的改革目标。“最多跑一次”改革是一项综合性、系统性、长期性的改革工程，牵涉政府治理体系和治理能力的方方面面。如果我们以此为突破口，撬动体制机制和制度体系建设，并将信息网络技术的最新成果充分运用到政府治理变革中，互联网时代的政府管理革命必将最终实现，我国的公共管理和公共服务必将发生广泛而深刻的变化。有了政府治理体系和治理能力的现代化，中华民族的伟大复兴指日可待。

第一章　逻辑起点：以人民为中心的发展思想

以人民为中心的发展思想，是引领当代中国社会发展实践的核心价值理念。“最多跑一次”改革的逻辑起点，即是以人民为中心的发展思想，其所展开的实践探索，是以人民为中心的发展思想在浙江大地的生动体现。

一、以人民为中心的发展思想的时代站位

党的十八大以来，以习近平同志为核心的党中央，在全面推进中国特色社会主义现代化建设事业的时代进程中，先后提出了一系列治国理政的新理念新思想新战略，引领全国人民万众一心、砥砺奋进，在实现中华民族伟大复兴中国梦的新长征路上，不断夺取新的伟大胜利。

2015 年 10 月 12 日召开的中共中央政治局会议，明确提出以人民为中心的发展思想。同年 10 月 26—29 日召开的党的十八届五中全会，不仅正式提出“创新、协调、绿色、开放、共享”五个方面的新发展理念，而且首次把以人民为中心的发展思想这一表述写进党的正式文件，把坚持人民主体地位，作为推动经济社会持续健康发展必须遵循的指导原则，强调“必须坚持以人民为中心的发展思

想，把增进人民福祉、促进人的全面发展作为发展的出发点和落脚点”。

以人民为中心的发展思想，以党的人民性本质和使命担当为基点，着力凸显时代发展主题，深切关注以更好的发展成果惠及人民，具有非常鲜明而高远的时代站位。

（一）发展本质内涵的深刻阐释

以人民为中心的发展思想，深刻阐释了人民性这一当代中国社会发展的本质内容，也丰富了人类自身对于社会发展本质的理解。

在哲学意义上讲，本质是一个事物之所以成其为这一事物而非其他事物的根本依据所在。人是社会发展的主体，也是社会发展的根本目的，我们推动社会发展，最终是为了给人的发展创造条件，以促进和实现人自身的自由全面发展。

在推动当代中国社会的发展进步，推动中国特色社会主义现代化建设事业不断前行的进程中，作为执政党的中国共产党，是这一伟大进程和伟大事业的核心领导力量。党的宗旨是全心全意为人民服务，党的本质集中体现为它的人民性，体现为立党为公、执政为民。而引领好当代中国的社会发展进程，不断将中国特色社会主义事业推向前进，不断改善人民生活和增进人民福祉，让人民公平地享有社会发展的成果，就自然成为中国共产党的责任和使命。这是由党的宗旨和党的本质所决定的。就此而言，党的本质和当代中国社会发展进步的本质之间，就形成了某种内在的逻辑联系。

以人民为中心的发展思想，在习近平总书记治国理政新理念新思想新战略当中，是一个极其重要的核心价值理念。习近平同志在当选党的总书记之后不久，于 2012 年 11 月 15 日率十八届中央政治局常委，同中外记者集体见面，并发表重要讲话。在这次讲话中，习近平同志明确指出，“我们的人民热爱生活，期盼有更好的教育、更稳定的工作、更满意的收入、更可靠的社会保障、更高水平的医疗卫生服务、更舒适的居住条件、更优美的环境，期盼孩子们能成长得更好、工作得更好、生活得更好。人民对美好生活的向往，就是我们的奋斗目标。”① 2013 年 3 月 17 日，习近平同志在第十二届全国人民代表大会第一次会议上的讲话中再次强调，“中国梦归根到底是人民的梦，必须紧紧依靠人民来实现，必须不断为人民造福”②。在达沃斯世界经济论坛 2017 年年会开幕式上，习近平同志又一次向世界庄严宣示，“中国秉持以人民为中心的发展思想，把改善人民生活、增进人民福祉作为出发点和落脚点，在人民中寻找发展动力、依靠人民推动发展、使发展造福人民”③。

任何一种价值理念，就其本身的终极来源来说，都来自于人们对事物本质的完整揭示和深刻把握。以人民为中心的发展思想，作为引领我国发展的一个核心价值理念，对我们党立党为公、执政为民的这一人民性本质，给予了深刻揭示并作出了精确表达。

以人民为中心的发展思想，具有丰厚而深刻的价值内涵和明确的行动指向。从发展主体的角度看，人民作为发展主体，其主体地位必须得到充分的尊重，人们的发展权益必须得到有效的维护；从发展实践的角度看，人民是参与发展和推动发展的实践主体，任何发展实践过程的整体谋划与行动展开，都需要动员和整合最广大人民群众的智慧和力量，齐心协力，共促发展；从发展目的的角度看，推动发展、实现进步的根本目的，是让人民能够共享发展成果，能

① 习近平：《习近平谈治国理政》，外文出版社 2014 年版，第 4 页。

② 同上，第 40 页。

③《习近平在世界经济论坛 2017 年年会开幕式上的主旨演讲》，载《人民日报》2017 年 1 月 18 日。

够享有更加美好的生活和更宽广的发展空间；从发展价值的角度来看，对是否实现了发展及发展成效的价值评判，必须坚持人民至上的立场，要以人民群众是否满意，作为判定发展的根本尺度。

（二）发展使命担当的时代表达

以人民为中心的发展思想，集中体现了作为执政党的中国共产党，在领导和引领当代中国社会发展进程，推动中国特色社会主义现代化建设事业，不断走向前进、走向胜利、走向未来的使命担当。

习近平同志指出，我们的党是全心全意为人民服务的政党。“我们的责任，就是要团结带领全党全国各族人民，继续解放思想，坚持改革开放，不断解放和发展生产力，努力解决群众的生产生活困难，坚定不移走共同富裕的道路”[①]。2014 年 2 月 7 日，习近平同志在俄罗斯索契接受俄罗斯电视台记者专访时强调，中国共产党坚持执政为民，人民对美好生活的向往就是我们的奋斗目标，“我的执政理念，概括起来说就是：为人民服务，担当起该担当的责任”[②]。

党的十八大以来，以习近平同志为核心的党中央，面对新的国际国内形势，从全局和长远的高度，对我国经济社会发展和各项建设事业发展，作出了一系列新的整体部署和战略安排，主要包括提出实现中华民族伟大复兴的中国梦和“两个一百年”的奋斗目标，在“五位一体”总体布局的基础上进一步作出“四个全面”战略布局的整体安排，提出以人民为中心的发展思想和新发展理念等。所有这些重大部署和安排，都是我们党勇于担当的集中展现，是其勇于担当领导和引领当代中国社会发展之发展使命的责任所系。

2016 年 1 月 18 日，习近平同志在省部级主要领导干部学习贯彻

---

① 习近平：《习近平谈治国理政》，外文出版社 2014 年版，第 4 页。
②《习近平接受俄罗斯电视台专访》，载《人民日报》2014 年 2 月 9 日。

十八届五中全会精神专题研讨班开班式上发表重要讲话，强调全党上下“要着力践行以人民为中心的发展思想”，明确指出，以人民为中心的发展思想，不是一个抽象的、玄奥的概念，不能只停留在口头上、止步于思想环节，而要体现在经济社会发展各个环节。因此，在我国全面建成小康社会的决胜阶段，面对当前我国经济社会发展面临的新趋势与新机遇，以及可能出现的新矛盾与新挑战，我们党坚持以人民为中心的发展思想，团结和带领全国各族人民，全面践行“创新、协调、绿色、开放、共享”的新发展理念，以此来推动我国经济社会发展不断取得新的成效，不断向全面建成小康社会的奋斗目标迈进。这样的发展行动，就可以将人民至上的价值取向充分彰显出来，将尊重人民主体地位的根本要求充分体现出来。

（三）发展实践引领的重要指南

以人民为中心的发展思想，彰显的是正确的发展价值理念和发展行动准则，不仅具有非常重大的理论意义，而且具有极为重要的实践指导功能，可以为引领发展实践提供重要指南。

以人民为中心的发展思想，从最为本质的价值理念和发展准则层面，阐述和回答了发展“为了谁”和“依靠谁”的根本问题。实现好、维护好、发展好最广大人民根本利益是发展的根本目的，增进人民福祉、促进人的全面发展是发展的出发点和落脚点，而人民则是推动发展的根本力量。践行以人民为中心的发展思想，就是要把实现人民幸福作为发展的目的和归宿，做到发展为了人民、发展依靠人民、发展成果由人民共享。

习近平同志在谈到推动当代中国社会发展和实现中华民族复兴梦想时，多次强调以人民为中心的发展思想这一根本价值导向和工作导向，表达出诚挚而深切的为民情怀。习近平同志指出，“人民是历史的创造者，群众是真正的英雄。人民群众是我们力量的源泉。……我们一定要始终与人民心心相印、与人民同甘共苦、与人民团结奋斗，夙夜在公，勤勉工作，努力向历史、向人民交出一份合格的答卷”[①]。2016 年 7 月 1 日，习近平同志在庆祝中国共产党成立 95 周年大会上发表重要讲话时强调指出，“坚持不忘初心、继续前进，就是要坚信党的根基在人民、党的力量在人民，坚持一切为了人民、一切依靠人民，充分发挥广大人民群众积极性、主动性、创造性，不断把为人民造福事业推向前进”[②]。

作为习近平总书记治国理政新理念新思想新战略中的核心价值理念，以人民为中心的发展思想，必须成为全党上下领导中国特色社会主义现代化建设事业，以及引领当代中国社会发展实践的重要指南，必须全面贯穿和融汇在我国经济社会发展的各个领域和各个层面，指导我国的改革发展实践，从而能够更加有效地应对挑战和破解难题，不断增强发展的动力和活力，更好地实现预期的发展目标。

二、以人民为中心的发展思想的实践要求

在推动我国经济社会发展，推动中国特色社会主义事业顺利前行的发展实践层面，以人民为中心的发展思想，有其特定的原则要求和行动指向。

---

① 习近平：《习近平谈治国理政》，外文出版社 2014 年版，第 5 页。

②《习近平在庆祝中国共产党成立 95 周年大会上的讲话》，载《人民日报》2016 年 7 月 2 日。

（一）坚持人民群众的主体地位

在发展实践层面，遵循和贯彻以人民为中心的发展思想，首先要确认人民群众的主体地位，同时要对人民群众的主体地位给予充分尊重，并且加以自觉坚持。

马克思主义的群众观和人民观告诉我们，人民群众是社会物质财富和精神财富的创造者，是历史演进和社会变革的最终决定力量。以人民为中心的发展思想，不仅同马克思主义群众观和人民观根本一致，而且同我们党长期秉持的群众路线和政治主张一脉相承。它赋予了马克思主义群众观和人民观新的内涵，是我们党在新的时代背景下，结合全球发展的当代趋势和中国发展的时代特征，对马克思主义群众观和人民观作出的全新阐释和当代表达。

坚持人民群众的主体地位，要注重把握党性和人民性的一致性和统一性。2013 年 8 月 19 日，习近平同志在全国宣传思想工作会议上指出，“党性和人民性从来都是一致的、统一的”①。中国共产党是全心全意为人民服务、代表中国最广大人民根本利益的马克思主义政党，党的性质和宗旨，决定了党的一切工作的出发点和落脚点，都是为了人民。因此，从本质上来说，坚持党性就是坚持人民性，而坚持人民性也就是坚持党性，这两者之间是相互贯通、紧密结合的关系。在发展实践中，党的各级领导干部，只有更好地谋划、引领和推动发展，才能肩负起自身的使命担当，将自己的党性充分体现出来；而谋划、引领和推动发展本身，又需要充分调动人民群众的积极性和主动性，充分发挥他们的聪明才智和创造精神，并且让发展成果惠及广大人民群众，这充分体现了发展本身的人民性。

---

① 习近平：《习近平谈治国理政》，外文出版社 2014 年版，第 154 页。

坚持人民群众的主体地位，要注重发挥人民群众参与发展、推动发展的主体作用。习近平同志指出，“中国特色社会主义是亿万人民自己的事业，所以必须发挥人民主人翁精神，更好保证人民当家作主”[①]。2013年6月18日，习近平同志在党的群众路线教育实践活动工作会议上的讲话中强调，“我们要实现党的十八大确定的奋斗目标和中国梦，必须紧紧依靠人民，充分调动最广大人民的积极性、主动性、创造性”[②]。习近平同志告诫全党，“历史反复证明，人民群众是历史发展和社会进步的主体力量”。“坚持人民主体地位，充分调动人民积极性，始终是我们党立于不败之地的强大根基。在人民面前，我们永远是小学生，必须自觉拜人民为师，向能者求教，向智者问策；必须充分尊重人民所表达的意愿、所创造的经验、所拥有的权利、所发挥的作用”[③]。

（二）站稳服务人民的根本立场

在发展实践层面，遵循和贯彻以人民为中心的发展思想，还要求共产党人尤其是党的各级领导干部，强化公仆意识、服务意识，以及领导和引领发展的责任担当意识，在发展实践中站稳服务人民的根本立场。

首先，站稳服务人民的根本立场，体现在全党上下要凝神聚力，共促发展。2015年11月23日，习近平同志在中央政治局第二十八次集体学习时指出，“要坚持以人民为中心的发展思想，这是马克思主义政治经济学的根本立场。要坚持把增进人民福祉、促进人的全面发展、朝着共同富裕方向稳步前进作为经济发展的出发点和落脚

① 习近平：《习近平谈治国理政》，外文出版社2014年版，第13页。
② 同上，第367页。
③ 同上，第27页。

点，部署经济工作、制定经济政策、推动经济发展都要牢牢坚持这个根本立场”[①]。事实上，谋划、推动和引领经济发展进程要坚持以人民为中心和服务人民的根本立场，谋划、推动和引领整个社会发展进程，也是如此。坚持马克思主义的群众观和人民观，切实践行以人民为中心的发展思想，全面彰显人民至上的价值取向和服务人民的行动指向，是党的根本立场所在。

其次，站稳服务人民的根本立场，也体现在衡量和检验我们的发展成效时，要坚持让人民满意的评判标准。这就是说，要看我们的各项发展行动和发展举措，究竟有没有实现好、维护好和发展好最广大人民的根本利益，要看我们所制定和推行的各项发展政策，究竟有没有赢得广大人民的真心拥护和广泛认可。只有看广大人民群众赞成不赞成、高兴不高兴和答应不答应，我们才能客观衡量我们事业发展的成败得失。因为中国共产党是广大人民群众根本利益的忠实代表，除了广大人民群众的根本利益，它自身没有自己的特殊利益。

再次，站稳服务人民的根本立场，还体现在广大党员干部要坚持群众路线，主动向人民群众虚心请教，问计于民。习近平同志要求党员干部，要始终牢记党的根本宗旨，不断强化宗旨意识，摆正自己的位置，真正从内心深处把人民群众“当主人、当先生”。只有这样，才能切实改进工作作风，增进与人民群众的密切联系，更好地敬业履职、服务人民。

（三）实现全体人民的发展权益

在发展实践层面，遵循和贯彻以人民为中心的发展思想，更需

①《立足我国国情和我国发展实践　发展当代中国马克思主义政治经济学》，载《人民日报》2015年11月25日。

要广大党员干部殚精竭虑，恪尽职守，有效地维护和实现全体人民的发展权益。其基本要求：

一是要全面深化改革，激发经济社会发展的内在动力和创新活力。在改革发展过程中，注意处理好改革发展与维护人民群众利益的关系，本着维护社会公平正义的原则，调整优化各类利益关系，保障人民发展权益的平等实现，真正做到发展为了人民、发展依靠人民、发展成果由人民共享。

二是要加强法治建设和制度建设，为人民发展权益的有效保障提供稳定可靠的制度环境。在现代社会生活的运行中，人民群众正当利益需求的表达和满足，必须通过法治予以保障。全面推进依法治国，不断加强各领域的制度建设，树立法治思维和公民权利思维，依法保障人民发展权益的意义就在于此。

三是要坚持全面从严治党，加强党的自身建设，克服和惩治懒政行为和侵害人民发展权益的行为。习近平同志多次强调，“打铁还需自身硬”。我们党作为执政党和治国理政的领导核心，要在践行以人民为中心的发展思想方面，有效发挥领导、带头和示范作用，就必须从严要求自己，抓好自身建设，不断增强党的创造力、凝聚力、战斗力，不断提高党的执政能力和执政水平。

三、以人民为中心的发展思想的典型范例

坚持以人民为中心的发展思想，不仅是一个重大理论问题，同时也是一个重大实践问题。在全面建成小康社会的决胜阶段，坚持以人民为中心的发展思想，使其同我们党在新时期治国理政实践中提出的其他一系列新理念新思想新战略一起，更好更有效更充分地发挥引领作用，是所有共产党人尤其是各级领导干部必须担负的时

代使命。

最近一个时期以来，“最多跑一次”改革在浙江大地上迅速铺展开来，并已取得明显成效。[①]“最多跑一次”改革的实质在于，从转变和强化为民服务的价值理念起步，着力优化和改进政府职能部门为民众和企业办事服务的基本流程和制度设计，以此带动各方面体制机制改革创新的实际进程，全面优化整体发展的制度环境，增强和激发各领域发展进步的动力和活力，从而更加有效地推动和实现高水平、高质量的发展。2017 年 6 月召开的浙江省第十四届党代会，进一步明确提出了“突出改革强省，增创体制机制新优势”的时代命题，提出要以“最多跑一次”改革为突破口，谋划实施一批“群众最期盼、发展最急需的重大改革举措”，再创浙江经济社会发展的新优势，“努力在治理体系和治理能力现代化上继续走在前列”。

就此而言，“最多跑一次”改革，是浙江“干在实处、走在前列、勇立潮头”的又一次重大的实践创新，是以人民为中心的发展思想在浙江发展实践中的成功探索和典型范例。

（一）“最多跑一次”改革的实践创新，充分彰显了人民至上的价值理念

“最多跑一次”改革的实践探索和制度创新，在深层价值理念上，高度契合了以人民为中心的发展思想。“最多跑一次”改革，是

① 在 2016 年底召开的经济工作会议上，浙江省委明确提出要全面推进让民众和企业到政府办事“最多跑一次”的改革，目的是通过在政府权力上“做减法”，来为激发市场活力“做加法”。用“最多跑一次”改革，倒逼各级各部门减权、放权、治权，形成覆盖行政许可、行政服务等领域的“一次办结”机制。要求到 2017 年底，能够基本实现群众和企业到政府办事“最多跑一次是原则、跑多次是例外”覆盖 80％左右行政权力事项的目标。就此，全省 58 个省级部门和 11 个地市，迅速行动起来，全面推开了“最多跑一次”改革的制度创新过程。从浙江省人民政府 2017 年 8 月召开的新闻发布会获悉，这一目标已经提前完成。

浙江省委、省政府为了进一步推进政府职能转变，优化提升政府公共服务，而在推出“四张清单一张网”等简政放权措施的基础上，创造性地提出的新一轮深化改革和制度创新的政府改革发展目标。“最多跑一次”改革，针对各级政府职能部门的公共管理和公共服务领域展开，尽管其涉及领域和涵盖内容非常广泛，也非常复杂，但其所秉承和强化的核心理念及行动准则却是高度一致的，即要坚持恪尽职守、为民服务、消除懒政的“人民逻辑”。

（二）“最多跑一次”改革的实践创新，着力完善了为民服务的办事流程

“最多跑一次”改革，定位于各级政府职能部门，都要在管理服务的体制机制创新方面做到精准施策和精准发力，以期促成相关部门在管理服务行为上的深刻转变和优化提升。要真正做到对审批或服务事项“一次办结”，必定会要求政府相关职能部门，着眼于审批服务功能自身的优化提升，围绕特定审批事项的业务流程，事先做好内容梳理、事项删减、环节设计、机制优化和流程再造工作。同时，在部门内部完成各项业务流程整合优化的基础上，还需注意打破各个不同部门之间长期以来形成的“信息孤岛”的格局，尽量消除或减少因为部门之间彼此封闭而导致的信息数据难以分享、业务流程与事项环节交叉重复之类的现象，从而尽可能地让那些前来办理各类事项的企业和群众，少付出些人力、物力和时间的代价。

（三）“最多跑一次”改革的实践创新，持续优化了服务发展的制度环境

良好的制度环境，是有效促进一个地方经济社会健康持续发展

的重要保障因素。制度环境因素虽然看似“无形”，但人们在实际生活中却时时可以感受到，一些不良的制度环境因素甚至成为制约或阻碍现实发展的羁绊。探寻近年来我国各级政府简政放权、优化公共服务及推动职能转变的改革发展和制度创新路径，不难发现，无论是在全国各地全面推开的审批制度改革和“放管服”改革①，还是首创于浙江的“四张清单一张网”改革②和当下推行的“最多跑一次”改革，它们在内在实质、根本要求和行动指向上，都是高度一致的，目的都是为了营造良好的发展制度环境，使之能够更好地为推动经济社会发展服务。“最多跑一次”改革的推行，已经在优化制度环境、服务发展实践方面取得了明显成效，但这方面的努力还需要进一步持续下去。

（四）“最多跑一次”改革的实践创新，全面提升了整体发展的综合效益

尽管从简政放权、优化公共服务及推动政府职能转变的意义上讲，“最多跑一次”改革也许并非“新东西”，也算不上是一个全新的实践课题，但如果我们从政府职能部门服务意识得以全面大幅度地提升、相关体制机制得以深入持续地创新优化，各类资源要素进而得以实现充分有效的深度整合的综合性视角来看就会发现，也许并非“新东西”的“最多跑一次”改革，其实蕴含着非常丰富的引领发展、推动和实现发展的新的理念元素和实践价值，它必将进一步深深地融汇在简政放权、放管结合、优化服务的“放管服”改革

① “放管服”改革，即近年来我国推行的以简政放权、放管结合、优化服务为核心内容的转变政府职能的一项重大改革举措。

② 浙江省的“四张清单一张网”改革，自2014年开始推行，以政府权力清单、责任清单、企业投资负面清单、省级部门专项资金管理清单这“四张清单”和建设政务服务网这“一张网”为抓手，是一项全面推进政府自身改革的重要举措。

进程当中，必定可以让越来越多的民众和企业感受到它所带来的积极变化，它的深远意义会在浙江经济社会发展所取得的整体效益层面充分显现出来。

第二章　时代意义：政府自身改革的浙江方案

“最多跑一次”改革是“干在实处、走在前列、勇立潮头”的浙江精神的生动实践，是“放管服”改革的浙江样本，也是经济社会发展的必然要求和政府建设的倒逼机制。“最多跑一次”改革是浙江改革的又一块“金字招牌”，必然在政府自身建设方面创造出许多可复制、可推广的经验。

一、“最多跑一次”改革：浙江精神的生动实践

文化传统和文化精神为经济社会的发展提供了不竭的动力。改革开放以来，浙江广大干部群众本着“干在实处、走在前列、勇立潮头”的浙江精神，克服了一个又一个困难，取得了一次又一次胜利，创造了一个又一个奇迹。正因为如此，习近平同志赋予浙江新的历史使命和新的发展要求，希望浙江人民继续弘扬浙江精神，为“四个全面”战略布局的实现注入更多的浙江元素和浙江经验。在习近平同志的亲切关怀和党中央的正确领导下，浙江省委、省政府始终高举改革、发展和创新大旗，迎难而上、克难攻坚，取得了阶段性成果和令人瞩目的成绩。“最多跑一次”改革是浙江省委、省政府系列改革措施的重要组成部分，是实现各项重大发展战略的必要条

件，也是省第十四次党代会提出的各领域改革的总抓手。“最多跑一次”改革是一场攻坚战和持久战，是“干在实处、走在前列、勇立潮头”的浙江精神在政府建设领域中的生动实践。

（一）“最多跑一次”改革是务实之举

浙江精神的首要特质是务实。凡事停留在口号，浮于表面，或者谋求短期的轰动效应，必将一事无成、一败涂地。从政府到企业，从干部到群众，浙江以“务实”著称。正是依靠务实，才有民营经济的异军突起，才有经济社会的持续快速健康发展。今天，经济社会的发展对政府自身的建设提出了更高要求，人民群众对公共管理和公共服务水平的提高愿望迫切。政府如何有效地回应，考验着各级政府的治理能力。浙江省委、省政府始终坚持把“人民对美好生活的向往”作为奋斗目标、施政基础和政策依据，在政府自身建设中动真格、出实招，通过简政放权和“最多跑一次”改革，让企业和民众切切实实地享受到改革的红利，增强对改革成果的认同感和获得感。同时，“最多跑一次”改革最大限度地破除前进道路上的行政管理体制机制障碍，进一步激发企业和社会的活力，为浙江的经济社会的转型升级提供制度保障。正因为如此，“最多跑一次”改革既是单刀直入、立竿见影的现实举措，又是服务长远、服务全局的宏观战略。

（二）“最多跑一次”改革是创新之举

创新是浙江精神的灵魂。浙江从资源小省到经济强省，靠的是创新；从省直管县、强县扩权、扩权强镇到推进基层治理体系现代化和乡镇“四个平台”建设，体现的也是创新。正是通过创新不断创造体制机制新优势，浙江始终保持了良好的发展态势和强大的发展后劲。作为经济社会发展的领航者、助推者和服务者，政府尤其要重视自身的创新。但是，在经历了多次创新驱动之后，政府创新的空间日益减少，创新的动力似乎也在减弱。如何找到合适的杠杆，再次撬动政府的创新动力，释放经济社会活力，已经给各级政府带来严峻挑战。浙江省委、省政府审时度势，瞄准简政放权、体制改革中的关键环节，用办事次数的减少倒逼政府全方位改革，用政府自身的减法换取企业发展、民众满意的加法和社会活力的乘法，体现的是思想观念、思维方式、工作机制的创新，体现的是壮士断腕、刮骨疗毒式的勇气和决心。这种精神必将激励全省党员干部奋勇前进，努力革除政府管理中的积弊，不断提升政府服务质量和水平，创造新的发展红利。

(三)“最多跑一次”改革是攻坚之举

不怕困难、迎难而上是浙江精神的集中体现。“走遍千山万水、说尽千言万语、想尽千方百计、吃尽千辛万苦”是浙江宝贵的精神财富。企业的发展需要克难攻坚的精神，政府的建设同样需要克难攻坚的精神。在传统体制机制的惯性依然存在、改革已经进入深水区和瓶颈期的情势下，“最多跑一次”改革注定是一场攻坚战，注定要面临前所未有的压力和挑战。首先，经过多年的改革和创新，政府的办事效率已经大幅度地提升。如果继续小幅度、渐进式增速提效，政府的压力比较小。如果用归零心态推进“最多跑一次”改革，无疑是自我施压和自我革命。其次，部门内部的改革基本完成，启动“最多跑一次”改革，需要建立零障碍、无缝隙的跨部门联动机制。在部门各司其职、各有法律规范的运行机制下，打破传统的管理格局和利益藩篱，需要拿出少有的勇气和智慧。再次，“最多跑一次”改革需要在一些领域、一些环节突破现有体制机制的限制，需要正确处理效率和规范、传统和创新、顶层设计和自主探索的关系，在夹缝中寻求突破，在风险中谋求发展。启动和实施这样的硬仗，必须弘扬敢闯敢干、知难而进的浙江精神，必须让“百尺竿头更进一步”的精神风貌在全省党员干部及群众中焕发新的光芒。

(四)“最多跑一次”改革是领先之举

面对简政放权难以取得实质性突破、政府办事效率难以再次提速的难题，浙江响亮提出“最多跑一次”改革的行动纲领和改革目标，开全国之先河。这是继“四张清单一张网”改革之后，浙江行政体制改革和政府建设的又一次重大突破。面对部门联动机制难以建立的问题，在“最多跑一次”改革的倒逼作用下，浙江建立了新的“一窗受理、集成服务”的政府办事流程和运行机制，为全国行政服务中心的升级注入了“浙江元素”。面对数据壁垒难以打破、信息孤岛客观存在的问题，浙江出台了《浙江省公共数据和电子政务管理办法》，为全省利用信息技术和互联网技术深入推进各项政务服务改革提供了坚实的法治保障，也为全国此类难题的破解创造了浙江经验。面对行政审批制度改革的瓶颈，浙江在绍兴、嘉兴、台州等地推行了行政审批局改革试点，为县（区）级行政审批的优化进行新的探索。“最多跑一次”改革撬动了政府自身的全方位、深层次改革和创新，通过寻找差距、主动挖潜，许多瓶颈问题取得了历史性的重大突破，许多创新举措受到社会各界的广泛关注。敢为人先、勇立潮头的浙江精神，在政府建设中又一次得到深刻检验和生动实践。我们深信，在浙江精神指引下的“最多跑一次”改革和在此基础上的各领域改革，必将不断取得新的胜利，向党和人民交上一份满意的答卷。

二、“最多跑一次”改革：“放管服”结合的浙江样本

党的十八大以来，以习近平同志为核心的党中央高度重视行政体制改革工作，多次对“放管服”结合提出明确要求。李克强总理强调，推进行政管理体制改革是全面深化改革的重要内容，深化简政放权、放管结合、优化服务改革是推动经济社会持续健康发展的战略举措。在党中央的统一部署下，各地紧密结合当地的实际，大胆改革，锐意创新，取得了很大成绩。浙江的“最多跑一次”改革，是对中央精神的深入贯彻，也是对改革难点的集中突破，创造了“放管服”结合的浙江经验和浙江样本。

(一)“最多跑一次”改革倒逼简政放权

简政放权，就是要坚持市场在资源配置中的决定性作用，放权于企业，放权于市场，真正激发企业生产力和市场活力；就是要放权于社会，充分发挥社会的主观能动性、积极性和创造性，让政府和社会相互补充，相互促进；就是要厘清各级政府之间的权责关系，本着利民便民的原则，让政府的权限尽可能下移，让民众真正获益。为此，浙江在全国率先启动了“四张清单一张网”的建设，通过清单式管理将权力缩减和规范，成效显著。为了巩固和拓展已有的改革成果，浙江再次吹响“最多跑一次”改革的号角，倒逼简政放权的再度深化和挖潜。简政放权牵涉到众多部门的利益，是政府的自我革命，难度和阻力可想而知。“最多跑一次”改革要求政府坚持能放则放、能简则简的原则，不断缩减和下放各种权力，最大限度地减轻群众和企业的负担，直到许多事项可以一次性、简便性办结。

简政放权的效果如何，要靠办事的便捷度和民众的获得感检验。不能实现企业和群众“一次跑”，简政放权就不够到位，改革的空间仍然存在。正是运用底线思维和倒逼机制，各级政府面临前所未有的压力，改革的力度空前加大。证照联办、多图联审、多测合一、区域环评与能评，无不是简政放权的具体体现，样样是实招，样样见实效，深受群众和企业的欢迎。从多次跑到一次跑，从提交多套材料到一套材料，从多窗受理到一窗受理，各个部门将办事环节、程序和材料简化到最低程度，政府的简洁、高效和规范得到充分体现。简政放权已经推行了许多年，虽然各项改革正在有条不紊地进行，但与社会发展的要求和人民群众的需求相比，差距仍然较大、节奏仍显缓慢，这也就是新一届政府反复强调改革提速的原因之一。如果找不到更有效的杠杆，简政放权就始终难以找到新的突破口。浙江秉承“干在实处、走在前列、勇立潮头”的浙江精神，找到了撬动改革的有效杠杆。如果说权力清单管理是简政放权的数量控制，“最多跑一次”改革就是简政放权的质的提升；持续不断地推动“最多跑一次”改革，必然推动各级政府自找差距、自我施压、自主挖潜，从而使简政放权从“要我改”向“我要改”转变；“最多跑一次”改革将人民的需求和获得感摆在至高无上的地位，让人民评价政府，实现了简政放权从自我评判到人民评判的转变。

（二）“最多跑一次”改革为强化监管创造条件

简政放权不是放任不管，更不是推卸责任。相反，权力越是下放，越是对监管提出了更高要求，政府越是承担更大的责任风险。“最多跑一次”改革下放的是权力，强化的是监管。“最多跑一次”改革进一步理顺了审批和监管的关系，彻底扭转过去重审批、轻监管的局面。首先，行政审批、行政许可就是设置准入门槛。门槛设置较高，政府的监管压力减轻了，甚至用审批替代监管。“最多跑一次”改革要求政府最大限度地降低准入门槛，让更多的符合法律规定的市场主体及时高效地参与到市场活动中来。市场活跃了，政府的监管任务、监管责任反而增加了。因此，监管部门必须转变思维方式和工作重心，及时跟踪市场活动，全面查找存在问题，努力提高监管水平。其次，“最多跑一次”改革优化了审批与监管组合中的资源分配方式，提高了资源配置效益。“最多跑一次”改革要求不断压缩审批环节、审批程序，改变了以往大量人力、物力、财力集中于前期审批环节的现象，而将这些宝贵的资源逐步向监管环节转移。加强监管需要加强专业人才队伍建设，转变监管方式，改良监管技术和手段。“最多跑一次”改革使监管部门从烦琐的审批程序中解脱出来，让更多的专业人员从事具体监管实践，让更多的技术开发和设施更新直接为监管服务。再次，“最多跑一次”改革助推监管制度的创新和监管体系的完善。为了实现群众和企业“最多跑一次”，监管部门必须不断进行制度创新。例如，大力推行市场主体的承诺制，通过承诺减少烦琐的前期许可程序，而让市场主体自觉接受政府部门的后期监管，兑现承诺事项。“最多跑一次”改革需要不断建立和完善自然人、法人的社会信用体系，将信用作为行政审批的重要参考。这又倒逼监管部门在监管过程中准确采集各类信用数据，也倒逼个人和企业重视社会信用，通过优良的信用与监管部门诚实合作与良性互动。最后，“最多跑一次”改革深化了部门的联动和协作，促进了综合监管、实时协同的实现。“最多跑一次”改革不再以各个部门为中心处理公共事务，而是要求在主办部门的牵头下，彻底打破部门壁垒，建立部门之间的常态化、高效化协同机制。这一机制的建立和巩固，也推动了审批信息第一时间向各个监管部门输送，全过程监管数据实时共享，重点监管环节实时联动，从而实现了从碎片化监管到整体性监管、从滞后性监管到实时性监管的转变。

(三)“最多跑一次”改革的直接目的是优化服务

简政放权、放管结合、优化服务是行政体制改革的“三驾马车”，三者并驾齐驱，相辅相成，相互促进。“最多跑一次”改革是这套“马车”的“缰绳”，它驱使改革再度提速、服务再度优化。早期行政审批制度改革与行政服务中心的建设是紧密联系在一起的。它要求建立规范高效的审批运行机制，提高行政服务效能，推进一个行政机关的审批事项向一个处室集中、行政审批处室向行政审批服务中心集中，保障进驻行政审批服务中心的审批事项到位、审批权限到位。行政服务中心减少了企业和民众在各个政府部门之间的奔波，确保民众在一个相对集中的地点就能办好大多数事项。“最多跑一次”改革要求政府在“物理整合”的基础上，积极推进“化学整合”，确保服务再上台阶。“最多跑一次”改革实现了行政服务中心的“一窗受理、集成服务”。从“多窗受理”到“一窗受理”，从“各自服务”到“集成服务”，既是服务观念的转变，也是政府流程的再造。“最多跑一次”改革要求充分尊重人民群众的主体地位，回归政府部门的服务本色，让群众少跑路，让干部多跑路。要求从群众和企业的办事体验出发进行制度设计，而不是从政府自身管理的需要出发制定各种规定。要求打破政府部门之间的数据壁垒，促进信息共享与相互认同，让数据“跑起来”，让群众方便起来。为了充分实现“最多跑一次”的目标，各级政府部门积极进行改革创新。例如，探讨“容缺受理”，只要主要资料到位，容许部分次要资料通过邮寄、网络等方式补齐；积极推进政府服务网的统一联网和广泛运用，逐步提高网上办事的比重；开发手机 APP 等新型服务媒介，更好地满足各类人群的服务需求；上门服务、全程代办、快递证件等服务不断深化，群众受益面大幅度增加；公共服务的标准化、规范化程度得到提高，有浙江特色的公共服务标准逐步建立和完善。“最多跑一次”改革既是政府改革的深化，也是干部思想的洗礼。它激励浙江各级领导干部深入学习贯彻习近平总书记系列重要讲话精神，始终把“人民群众对美好生活的向往”作为自身的奋斗目标，更好地贴近群众、服务群众，巩固党的执政基础。可见，“最多跑一次”改革是以人民为中心的发展思想的“浙江实践”，是增强人民群众对改革认同度、支持度和获得感的重要举措。

三、“最多跑一次”改革：社会变迁的必然要求

任何重大的改革都必须顺应时代发展变化的要求并遵循政治经济和社会发展的客观规律。“最多跑一次”改革不是凭空提出来的，而是浙江省多年以来的经济社会发展对政府建设提出的崭新要求。浙江省委、省政府在习近平总书记新时代中国特色社会主义思想的指引下，顺应浙江历史发展的潮流，因潮而动，顺潮而行，弄潮而立，用铁一般的意志、铁一般的担当书写着一部崭新的历史。

（一）经济基础与上层建筑的相互作用

经济和政治从来都是相辅相成、水乳交融的。浙江是一个资源小省，在计划经济体制下，经济发展并没有什么优势，甚至面临严重困境。但是，在计划经济向市场经济转型过程中，浙江抓住历史性机遇，先闯先试，创造了早于他人、强于他人的体制机制新优势。正是通过改革上层建筑释放了无穷无尽的市场活力和社会活力，浙江的经济取得了突飞猛进的发展。2016 年全年地区生产总值（GDP）46485 亿元，比上年增长 7.5%。人均 GDP 为 83538 元（按

年平均汇率折算为 12577 美元）。全员劳动生产率为 12.4 万元/人。全年全省居民人均可支配收入 38529 元，比上年增长 8.4%，扣除价格因素增长 6.4%。按常住地分，城镇常住居民和农村常住居民人均可支配收入分别为 47237 元和 22866 元，增长 8.1%和 8.2%，扣除价格因素分别增长 6.0%和 6.3%。全省居民人均可支配收入中位数 34192 元，比上年增加 2693 元。[①]“随着经济基础的变更，全部庞大的上层建筑也或慢或快地发生变革……”[②] 事实上，经济每前进一步，都会对上层建筑提出新的挑战。历届浙江省委、省政府为了适应经济发展的要求，多次主动进行行政管理体制机制改革，为经济社会的发展保驾护航。在全面深化改革的时代背景下，为了积极响应“五大发展”理念的新要求，体制机制的改革比任何时候都显得更为重要和紧迫。具体而言，浙江目前的经济已经不是小打小闹的作坊经济，而是要打造面向全球、立足全国的龙头企业和品牌经济。在全球化时代和信息化时代，市场竞争日趋激烈，企业面临巨大的转型升级压力。如果政府部门仍然是条块分割、各自为政、效率低下，企业的发展必将受到致命影响。如何在经济总量较大、经济格局调整的条件下改变政府的管理模式和服务方式，企业有要求，政府有压力。浙江省委、省政府紧紧抓住“最多跑一次”改革这条主线，倒逼行政管理体制的革命性变革，倒逼政府管理水平和政府服务质量的质的提升，可以说抓住了主要矛盾和关键问题，抓出了改革的胆识和气魄。我们通过改革创造了经济发展的奇迹，而经济的飞速发展又在为新的改革提供动力。正如恩格斯所言：“我们自己创造着我们的历史，但是第一，我们是在十分确定的前提和条件下创

---

① 根据浙江省人民政府网站公布的数据整理。

②《马克思恩格斯选集》(第 2 卷)，人民出版社 1995 年版，第 38 页。

造的。其中经济的前提和条件归根到底是决定性的。”①

（二）社会进步与政治进步的相互促进

除了经济的发展，社会进步在许多方面得到生动体现。在科学技术方面，信息网络技术的发展日新月异，日益改变着人们的生产和生活方式。互联网引起了一场商业革命，企业的生产、销售方式不再拘泥于传统模式，以淘宝为代表的购物方式给广大消费者带来了前所未有的便捷和实惠。与此同时，互联网正在逐步渗透到政府管理领域，推动公共管理和公共服务方式的变革。具体而言，以办公自动化为代表的政府管理变革已经无法适应经济社会发展的需要，而以政府部门数据共享互通、办事无须提供证明的新一次变革正在悄然发生。作为互联网大省和经济社会发展强省，浙江对这场变革感受更为敏锐、需求更为强烈。“最多跑一次”改革旨在利用互联网技术，打破传统的政府信息流传方式，消除信息孤岛和信息烟囱，让数据“跑路”，让部门壁垒瓦解，从而使民众和企业办事更加方便和快捷，真正感受到互联网时代公共管理和公共服务方式的深刻变化，感受到政府的改革创新和与时俱进。在社会方面，医疗、教育、文化、卫生事业取得了长足发展，人们的生活水平日益提高，视野日益开阔，对公共管理水平和公共服务品质的关注日益增强。政府必须顺应民众的要求，不断提高办事效率，不断改进服务方式。“最多跑一次”改革是政府在寻找短板、自我施压基础上的一次主动变革。它要求通过简政放权、流程再造和数据共享，最大限度地挖掘政府的潜力，最大限度地为企业和民众提供高效率、高品质的服务。社会的发展和进步倒逼政府的改革和创新，而政府的改革和创新，

---

①《马克思恩格斯选集》（第 4 卷），人民出版社 2012 年版，第 604—605 页。

必将进一步释放企业和社会活力，推动经济社会更好更快地发展。

（三）党的建设与政府建设的相互融合

全省各级党委始终注重全面加强党的建设。党的思想建设、组织建设、作风建设等方面成效显著，为政府的改革和建设提供了坚强的政治保障。在思想建设方面，始终以马列主义、毛泽东思想、邓小平理论、“三个代表”重要思想、科学发展观和习近平新时代中国特色社会主义思想武装全体党员，增强党员的政治意识、大局意识、核心意识和看齐意识。在组织建设方面，注重加强党的各级组织特别是基层组织建设，把支部建设放在重中之重。首先，对党支部书记的任职资格条件、选拔的程序、主要职责和任务等做出明确规定。对于威望不够高、带头作用不够明显的支部书记和支部委员，实行严格的淘汰机制。其次，全面落实以“三会一课”为主要内容的支部建设制度。“三会一课”是党的组织生活的基本制度，也是对基层党组织提出的最起码、最基本要求，全省基层党组织不折不扣地执行这一基本制度。通过“三会一课”，切实加强了对全体党员的管理和教育，切实使“两学一做”常态化和制度化。同时，浙江基层党组织将“三会一课”与民主恳谈、民主议事制度相结合，通过加强组织建设促进了基层民主参与、民主管理、民主监督的发展。再次，根据支部的实际情况，建立健全支部建设的其他各项制度，让支部建设的目标、任务、责任分解等具体化、规范化，增强支部的凝聚力和战斗力。长兴的创业互助会制度、浦江的“标准＋特色”党建制度、缙云的基层党组织“三张清单”管理制度，都是支部建设的制度创新，取得了很好的效果。最后，进一步完善对基层党组织、党员个人的考核评议制度，在各地、各条战线建立模范支部、示范党组织，让创先争优、赶学比拼成为风尚，成为基层组织建设的亮丽的风景线。浙江先后推出“千名优秀村（社）支书”，在广大党员干部中产生了良好的示范效应。在作风建设方面，浙江在以习近平同志为核心的党中央的统一部署下，从严落实“八项规定”，从严细化党风廉政建设责任制，通过坚持不懈的努力，党风政风出现了根本好转，政治生态不断优化。通过全面加强党的建设，党的凝聚力、战斗力得到增强，党员干部的担当精神、改革创新精神得到提升，为“最多跑一次”改革创造了良好的氛围和条件。

四、“最多跑一次”改革：政府建设的倒逼机制

“最多跑一次”改革的直接目的是最大限度地提高政府的办事效率，但它的意义和功能远非停留于此。如果深入到实践中去，不难发现，它是新的历史时期撬动政府改革和政府建设的有效杠杆，推动政府的服务理念、管理体制、流程设计、联动机制、管理方式等产生广泛而深刻的变化。“最多跑一次”改革的倒逼作用体现在以下五个方面：

（一）倒逼公仆意识的强化

习近平同志指出，对于我们共产党人来说，老百姓是我们的衣食父母，我们必须牢记全心全意为人民服务的宗旨。“最多跑一次”改革是对人民主体地位、政府服务宗旨的深刻省悟与真切回归。党员干部是人民的公仆，必须时时处处尊重群众、关心群众、服务群众，绝对不能颠倒自己的位置，高高在上，敷衍塞责，当官思想作祟，官僚主义盛行。我们多次进行的简政放权、加强监管、优化服务的改革，本质上就是为了激发市场和社会的活力、提升政府的管理水平和服务水平，建设人民满意的政府。尽管我们进行了许多努

力，毋庸讳言，群众对提高办事效率、改进政府服务的诉求仍然强烈。“最多跑一次”改革就是认真回应民意，下大决心、花大力气克难攻坚，突破改革的瓶颈，扫清前进的障碍；就是自我施压，自我革命，最大限度地把困难留给政府，把方便让给群众。在此基础上，全面提升政府的服务品质和服务水平，打造以民为本、人民拥护的服务型政府。

（二）倒逼行政体制的改革

从资源小省到经济强省，从温饱水平到小康社会，浙江经济社会全面协调可持续发展，综合实力稳居全国前列。浙江的实践表明，对于区域发展而言，体制优势是最大的优势，改革红利是最大的红利。当全国许多地方还在市管县体制中徘徊不前的时候，浙江率先进行了省直管县体制改革，促进了县域经济的全面升级。省直管县在全国产生了广泛的示范效应。紧接着，浙江又开展了卓有成效的扩权强镇体制改革，同样成为全国的样板。经过多轮简政放权改革，我们激发了市场和社会的活力，促进了经济社会的飞速发展。“最多跑一次”改革是行政体制改革的拓展和深化，是浙江经验的延伸和发展。“最多跑一次”改革倒逼政府顺应时代发展的要求，深入推进权力下放，放权于企业、放权于社会、放权于基层；倒逼政府彻底改变层级节制、层层传导的金字塔式权力结构，建立重视授权、层级压缩、运转高效的扁平式权力结构；倒逼政府改变部门林立、各自为政，上下对口、单一对应的碎片化运行机制，积极探索县级以上的大部制管理体制和乡镇一级的综合性管理服务平台等。

（三）倒逼政府流程的再造

流程设计不合理是影响政府办事效率的重要原因之一。最初，企业和民众办事，必须去政府各个部门所在的办公场所，消耗了大量的人力、物力和财力。而在部门内部，权力的运行流程同样复杂，层层审批，层层流转，办事效率极为低下。行政服务中心的建立，在很大程度上改变了这种状况。但是，行政服务中心仍然只是部分流程的简化和优化，并没有达到十分理想的效果。“最多跑一次”改革瞄准现有行政服务中心的弊端和不足，以减少群众跑腿次数的方式，倒逼政府流程深入改组和重置。在“最多跑一次”的限制性条件下，各级政府必须实行“一窗受理、集成服务”。这种模式彻底扭转了过去从政府部门管理需要出发来设计流程的局面，从群众办事体验出发进行流程再造；彻底改变各个部门单独作业的方式，进行一窗受理、流水作业，一次性为群众提供一条龙、“打包式”服务；要求政府切实对关键环节、关键流程进行评估和革新，尽可能减少前置审批环节，实行证照联办、多图联审、多测合一等。由于体制、机制、制度乃至思维定式的原因，政府流程的再造其实是十分艰难、相对滞缓的，政府很少具有流程再造的动力，除非迫不得已。“最多跑一次”改革是一剂“强心针”，推动政府打破各种藩篱的束缚，大刀阔斧地进行改革，用短期的“阵痛”换来长期的协调和高效。

（四）倒逼部门壁垒的瓦解

在经典行政管理学家看来，分层级、分部门的组织结构和运行方式，是组织管理的必要条件。确实，根据职能设置不同的政府部门，有利于明确分工和责任，提高政府的管理水平。但是，这一设计难免产生部门林立和壁垒森严，导致综合协调的难度大大增加。如果说在工业化初期公共事务相对简单的社会环境下这一矛盾还不十分突出，在工业化、信息化迅猛发展、公共事务日益复杂的社会环境下，部门分割的矛盾已经成为政府管理的绊脚石，各级政府都在积极探讨而又成效甚微。“最多跑一次”改革坚持历史唯物主义和辩证唯物主义思维方法，抓住主要矛盾和关键问题，用量变促质变。在“最多跑一次”改革的倒逼作用下，政府的各个部门不再画地为牢，而是注重与相关部门的衔接；不再建立封闭式的数据库，而是想方设法建立数据共享、提高效率的规则，使这一历史性的沉疴得到实质性根治；不再把难题抛给其他部门，而是平等协商、联动合作寻求出路。“最多跑一次”改革用简单而具体的要求，将政府各个部门紧密地捆绑在一起，使大家成为利益共同体。如果不能打破部门中心主义，谁也无法真正实现“最多跑一次”，谁都将面临行政问责的风险。

（五）倒逼管理方式的创新

从农业社会、工业社会到信息社会，科学技术和管理方法的每一次重大进步，都会带来生产、生活的革命性变革。但是，实践表明，私营部门和公共部门对创新管理方式的动力是不一样的。私营部门为了追求利润，总是将最新的科学技术和管理方法最大限度地吸纳和运用。相比之下，公共部门运用新技术的动力相对不足，除非面临改革的压力。这也就造成了互联网技术在企业的运用要大大好于政府部门的现状。“最多跑一次”改革始终离不开信息技术的推广和运用，离不开管理方式的创新。为了实现“最多跑一次”的目标，必须建立统一的政务服务网，提高网络的运转效率和使用效益，让网上办事、网上咨询成为大多数人的习惯；必须不断提高政府内部管理的规范化、信息化水平，减少人为的摩擦和冲突；必须切实转变管理方式，从结果管理向过程管理转变，从注重审批向注重监管转变；必须不断开发新型管理工具，将移动终端服务、最新管理方法等及时运用到公共管理和公共服务之中，通过科技革命、管理革命推动政府全方位的变革和发展。因此，“最多跑一次”改革不是单一化、形式化的行动纲领，而是政府自身的系统性、革命性变革。

第三章　实践基础：从效能增进到职能转变

发达的民营经济和县域经济是浙江经济发展的两大特点。“大市场小政府”“不找市长找市场”的市场经济理念早已深入人心。从改革开放初期的“无为而治”，到之后省直管县体制的建设与日益成熟，浙江借助体制机制优势，实现了经济社会的高速发展。进入21世纪以来，国内外经济形势风云变幻，社会环境日益复杂，为了及时有效地回应经济转型升级和人民生产生活的切实需求，浙江在继续推进扩权强县和扩权强镇改革的基础上，从政府系统内部的改革切入，实施了以行政审批制度改革为突破口的一系列效能建设举措，并围绕政府职能转变这一核心问题，开展了“四张清单一张网”改革。这些改革既为全国的行政体制改革提供了可借鉴的经验，也为“最多跑一次”改革提供了先期的实践基础。

一、行政审批制度改革：打造精简高效的政府

为了能充分释放市场和社会的活力，政府行政改革的一项关键内容就是行政审批制度的改革。一直以来，浙江省委、省政府对加快行政审批制度改革、优化发展环境十分重视。1999年至2016年，已经部署开展了“四轮”行政审批改革，全省累计取消和下放行政

审批事项1300多项，在创新和改善行政审批的组织机构设置模式和运行机制上取得了明显成效，群众和企业办事效率大为提高（见表3-1）。

表3-1　浙江四轮行政审批改革*

改革阶段	改革重点	主要成效
第一轮审改 1999年至2005年	以清理减少审批事项、组建行政审批服务中心为重点。	全省101个市、县（市、区）都建立了集中、公开、透明的行政审批服务中心，实现了集中审批。
第二轮审改 2006年至2008年	以审批职能整合为重点。	落实行政机关内部审批职能向审批处（科）室集中、审批处（科）室向行政服务中心集中，审批事项集中到位、审批权限授权到位的“两集中、两到位”改革，为民众和企业提供“一站式”审批服务。
第三轮审改 2009年至2012年	以创新审批方式、下放审批权力为重点。	建立了并联审批、网上审批、模拟审批等制度，实现了提速、便捷审批。
第四轮审改 2013年至2016年	以简政放权、强化监管、推进制度创新和标准化建设为重点。	围绕“审批事项最少、办事效率最高、投资环境最优”的目标，以“四张清单一张网”建设为抓手，“放管服”改革持续深化。全省行政许可事项从2013年初的1617项减少到2016年的554项，压缩了2/3，非行政许可审批事项全面取消。

*资料来源：翁建荣著《行政审批制度改革的浙江经验与未来——本刊专访浙江省发改委（审改办）副主任翁建荣》，载《党政视野》2016年第4期。

可以说，浙江政府从行政审批制度改革入手，实现了自身行政服务效能的明显提升。从前三轮行政审批改革的内容及实施情况来看[①]，可以发现几个较为明显的特点：

（一）以设立一站式的行政服务中心构建行政审批服务的组织基础

浙江行政审批制度改革的一个标志性事件，就是1999年绍兴上虞成立了全国首家行政服务中心。这项地方创新被评为“九五”十大改革成果之一，也是全国行政服务中心体系形成的源头。

上虞是浙江东部的一个县级经济强市[②]。改革开放以来，经济社会得到了迅速发展。但是，审批手续烦琐、政府办事效率低下等因素很大程度上制约了县域经济社会的发展。上虞市政府认识到转变政府职能、提升服务质量、提高工作效能，是改善和优化经济社会发展环境亟待解决的突出问题。于是，从本地实际出发，并借鉴其他地方集中办事的成功经验，上虞市政府于1999年9月正式创建了“便民服务中心”。

创立之初，上虞市便民服务中心内设分属21个部门的47个窗口，办理各类涉民、涉企的审批、报批、核发证照等115项服务事项。为便于统一管理，便民服务中心专门设立了一个管理委员会，负责便民服务中心相关事务的统一管理。1999—2009年，便民服务中心先后进行了5轮行政审批制度改革，对进入便民服务中心的部门（单位）、窗口、服务事项等进行了7次调整，制定了一系列管理规范，创新政府服务机制，有效地提高了地方政府行政审批服务的效能。（上虞市便民服务中心的组织结构如图3-1所示）

---

① 第四轮的行政审批改革与之后的“四张清单一张网”改革紧密关联，故在下面小节进行阐述。

② 2013年10月，撤销县级上虞市，设立绍兴市上虞区。

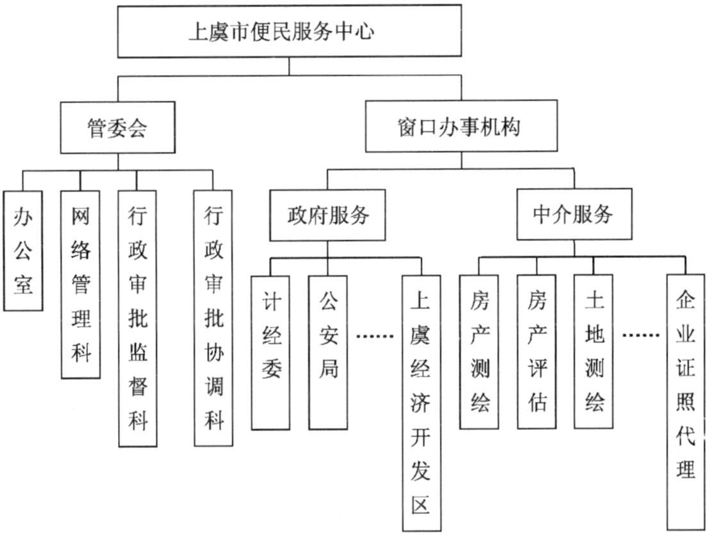

图 3-1　上虞市便民服务中心的组织结构（2011 年）

过去的行政审批服务以传统科层制组织架构为基础，其特点是部门间各司其职，条块分割明显，缺乏协同合作。行政服务中心则是地方政府立足于改革需求，为改进工作作风，提高办事效率，把与民众和企业利益密切相关的行政审批和公共服务职能集中起来统一办理的一项创新。由于各个政府职能部门在同一场所提供分门别类的政务服务，从服务形式上看类似于超市经营，故而有人将这种政务服务的模式形象地称之为“政务超市”或“政府超市”[①]。虽然在上虞市便民服务中心建立之前，已经有广东的东莞市、浙江的金华市等不少地方政府尝试将多个政府职能部门集中起来统一办理相关行政事务，但是与它们的做法不同，上虞市建设了专门的办公大楼，设立了常设性的便民服务中心，把众多政府职能部门集中到一起统一办理行政审批等政府服务事项，并设置专门管理机构对各部

① 马飞炜、卢福营、李莉：《便民服务与地方政府管理创新——以浙江省上虞市便民服务中心为例》，载《宁波大学学报·人文科学版》2010 年第 4 期。

门窗口及其工作人员的行政服务工作实施规范化管理，初步实现了政务服务中心的规范化运作。因此，从制度的正式化和规范性的意义上说，上虞市便民服务中心是全国首创的“政务超市”。

实践证明，以人民满意为服务价值追求的政府便民服务中心创新，赢得了广大群众的普遍认同和广泛赞誉。上虞市便民服务中心成立几年来，服务对象现场评议的满意率达到99.98%。在政府有关部门实施的年度考核中，便民服务中心始终居于全市各部门的前列。中央和浙江省委、省政府领导也充分肯定了上虞的经验。2008年，这项地方创新入选浙江省改革开放30周年百例典型事例。之后，以清理减少审批事项、组建行政审批服务中心为重点，全省101个市、县（市、区）都建立了集中、公开、透明的行政审批服务中心，基本实现了集中审批。可以说，在行政审批制度改革中，特别是在21世纪初启动的新一轮改革中，浙江通过普遍设立一站式的行政服务中心，为行政审批服务构建了组织基础，也为全国其他地区的改革提供了可参考的样本。

（二）以取消、集中和下放行政审批事项和权力实现审批职能整合

浙江行政审批制度改革的第二项重要内容就是在清理减少审批事项和建立行政服务中心的基础上，以审批职能整合为重点，推进行政机关内部审批职能向审批处（科）室集中、审批处（科）室向行政服务中心集中，审批事项集中到位、审批权限授权到位，即“两集中、两到位”改革。浙江在全国率先出台了“两集中、两到位”改革的指导性意见，并在全省范围内推进和落实。

“两集中、两到位”改革进一步实现了行政审批服务的事权集中，从内部要素配置的角度为行政服务中心这种组织机构模式的运

行奠定了制度基础。譬如，按照《关于建立上虞市便民服务中心明确工作职责的通知》规定，便民服务中心的性质是“市政府派出的正科级的行政单位”，其成员单位由公安局、工商局、交通局、环保局、土管局、卫生局、外经贸局、民政局、技监局等53个部门（单位）组成，这些部门（单位）按成建制入驻中心，实现“集中化”的办公和服务（如图3-2所示）。衢州市更是在2010年政府部门机构编制“三定方案”中明确“设立行政审批服务处，派驻市行政服务中心”。有19个部门的行政审批服务处（科）成建制进驻行政服务中心，做到人员到位、事项授权到位。

可以说，“两集中”为“两到位”提供了基本框架，“两到位”则规定了“两集中”的实质内容，二者可谓一体两面。与此同时，“行政机关内部审批职能向审批处（科）室集中”是“审批处（科）室向行政服务中心集中”得以有效实现的前提，“审批处（科）室向行政服务中心集中”则使得“行政机关内部审批职能向审批处（科）室集中”的效能得以最大化。

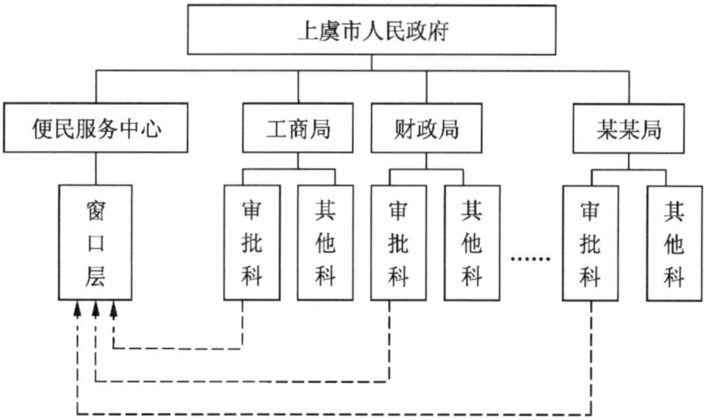

图3-2　上虞市便民服务中心构成图（2011年）

为了实现“两集中、两到位”，便民服务中心的主要领导一般由市政府任命，窗口工作人员则从原政府部门或中介组织选调而来。

由此构成的“矩阵型编组”为各部门（单位）进行有效的沟通和协调提供了物理空间上的便利，有助于提升行政审批服务的效率。因此，这种做法不同于传统政务服务借助的单一科层制结构，而是一种以用户为导向、以完成任务为目标的更加灵活和开放的制度安排。

虽然早年一些学者认为行政服务中心可能会遇到临时性组织的若干问题①，但是这种由“两集中、两到位”改革所推动的集中化行政审批服务的制度形式很快在浙江全省乃至全国范围内扩散，并被不断地规范化，已然成为整个行政审批服务制度体系中一个关键而稳定的组成部分。可以说，浙江的“两集中、两到位”改革不但回应了实践发展所需，而且是对传统理论限定的大胆突破。这一改革以政府内部事项和权力的整合为抓手，为群众和企业真正享有高效的“一站式”审批服务夯实了制度基础。

（三）以创新行政审批方式和改造内部运作机制实现办事流程优化

浙江行政审批改革的第三个特点是以创新行政审批方式和改造内部运作机制，不断推进办事流程优化。在这三轮的行政审批改革中，浙江政府的举措从外部的整合到内部的重组，可谓由表及里、层层深入。依托政务服务的空间集中和权责到位，前两轮的改革推动了首问责任制、分类办理制、公开制、承诺制、联合办理制、一审一核制和窗口首席代表制等新制度、新机制的建立。

1. 首问责任制。上虞市便民服务中心于2003年率先推行了“首问责任制”。这项制度规定服务对象登门、来电、来函或通过网络申请办理审批、咨询、举报、投诉等有关事项时，首位接待或受理的

---

① 参见段龙飞：《我国行政服务中心建设》，武汉大学出版社2007年版，第107页。

工作人员无论是否属于自己职责（权）范围内的事，都应承担办理、解答、转交或引导的责任。便民服务中心所有工作人员均属首问责任人，履责情况纳入工作人员的考核内容。“首问责任制”的推行，使政府提供服务的方式发生了实质性变化。民众在办事过程中，只需经历一个“公民—政府”的环节，之后均为“政府部门—政府部门”的串联与相互转接，从而构建起“公民—政府—政府”的服务运作过程。这一转变有效地杜绝了政府各部门及其工作人员相互推诿的情况，大大便利了办事民众。

2. 分类办理制。所谓分类办理，即按照所申请办理项目的性质将它划分为不同的办理类型，然后针对每类项目的特殊要求采用不同的处理方式。具体地说，根据各种办理事件的轻重缓急和具体内容，将所有的受理事件分成六类，分别采取六种不同的办理制度：即办事项实行直接办理制，一般事项实行承诺办理制，重大事项实行联合办理制，上报事项实行负责办理制，控制事项实行明确答复制，特急事项实行紧急办理制。各类受理事件要求在规定时限内完成，实行限时办结制。分类办理制度是对内部行政审批流程的优化重组，既回应了不同类型事项的办理问题，也有利于提高行政资源的配置效率。

3. 公开制和承诺制。为保证行政审批或服务项目办理过程的透明、高效，许多地方建立了相应的政务公开制度，要求及时、真实、规范地公开除涉及国家秘密和依法受到保护的商业秘密、个人隐私外的政府服务内容。通过网络、报纸、宣传册、电子显示屏等多种方式，把中心提供服务事项的名称、依据、条件、数量、程序、期限、材料目录、收费标准和依据、申请书、示范文本等全部公之于众。许多地方建立了服务承诺制度，向社会承诺按公开的规范和要求提供政府服务，明确办理时限，接受社会各界的监督，并对投诉人做出及时反馈。这项制度的实施，有效地提高了政府服务的透明度和效率。

4. 联合办理制。所谓联合办理制，就是当申办人所申请的服务事项超出受理窗口的职能范围，涉及多个窗口和政府职能部门的业务活动时，由特定部门牵头协调组织相关窗口和职能部门联合、集中办理的制度。在一些地方，还出台了联合办理服务事项的牵头负责制，实行“一窗受理、一口收费、集中踏勘、综合验收”的全程负责主办模式。联合办理制的实行，有效地节约了办事人的搜寻成本和时间成本、文件传递的运行成本和部门推诿的博弈成本，服务效能较之过去有了明显提升（见图 3-3、图 3-4）。

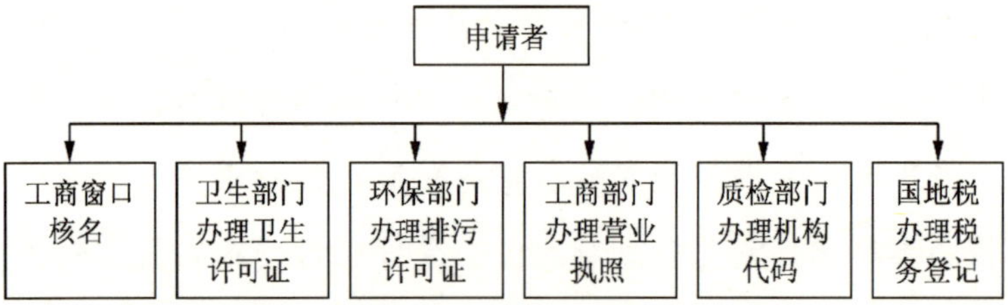

图 3-3　餐饮业工商注册登记的传统流程

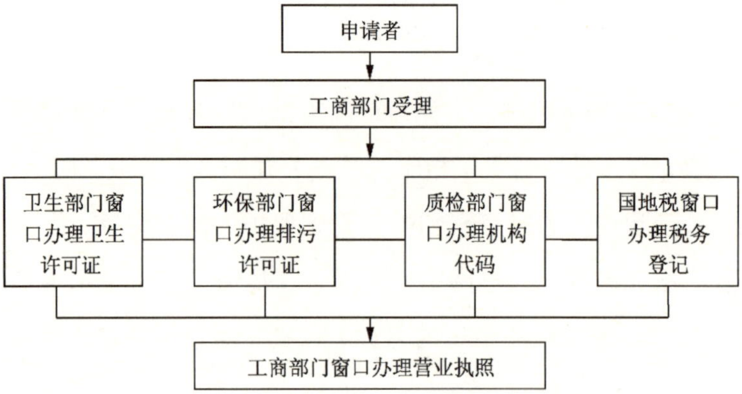

图 3-4　改革后的餐饮业工商注册登记流程

5. 一审一核制和窗口首席代表制。一审一核制即各窗口在办理行政审批的过程中，经本窗口职能部门授权的审查员审查、核准员核准后，直接签发行政审批决定，完成行政审批。窗口首席代表制即要求进驻行政审批服务中心的政府职能部门设立窗口首席代表，窗口首席代表持《授权书》上岗，对授权事项具有行政审批权。将集中于职能部门领导的权力下放到窗口首席代表，不再需要请示部门领导。这种做法极大方便了群众，提高了政府服务效率。

在之后的第三轮审改中，浙江政府更将创新审批方式、改进管理方法当作重点。以下放审批权力为基础，以网络平台为工具，省市县积极探索，又建立了并联审批、网上审批、电子监察等一系列新型审批及管理制度，实现了提速、便捷审批。

6. 并联审批制。传统的串联审批是行政审批单位按序逐家进行行政审批的模式。并联审批则是对涉及两个以上部门共同审批办理的事项，实行由一个中心（部门或窗口）协调、组织各责任部门同步审批办理的行政审批模式，做到“一窗受理、并联审批、统一收费、限时办结”。这在上虞所实施的联合办理制、一审一核制与窗口首席代表制中已见雏形。许多地方则在上虞经验的基础上，进一步精简和优化流程。如余杭区 2011 年 6 月就出台了工商企业注册登记多证联办“一窗式”审批的操作办法，在余杭区设立企业，只需到“市民之家”工商综合窗口统一填写申请表，就能一次性领取工商营业执照、质监组织机构代码证、国税和地税税务登记证、统计登记证、企业公章等原来分属好几个部门审批的“五证一章”。[1] 再如 2010 年 11 月，湖州市吴兴区地税服务大厅试行“一窗式”办税制，将过去分类办理的涉税业务窗口进行部分整合，实现发票窗口和申报窗口及部分综合业务窗口的功能合并，使涉税事项由多窗办理变

① 江南：《浙江余杭推出行政“微审批”“并联”服务刷新审批时限》，载《人民日报》2013 年 3 月 29 日。

为一窗办结，多次办结变为一次办结。[①]

7. 网上审批制。针对群众反映的到省级部门办理审批事项不够方便、效率不高的问题，浙江省政府于2009年初决定建设省级网上办事大厅，要求各省级单位行政审批事项全面上网，集中、公开办理，为企业、基层提供“一站式”的审批服务。2010年，浙江省级43个部门805项可公开的审批事项已全部纳入省政府网上办事大厅，提供办事指南和实时咨询服务。其中，718个项目已实现网上申报（预审）功能，516个审批事项实现了办件信息的全程公开。省政府网上办事大厅按照“逻辑集中、物理分散”的原则运行。在逻辑上，省级各单位的行政审批事项集中到省政府网上办事大厅，面向公众和企业提供审批信息公开、网上咨询答复、网上申报反馈等服务；在物理上，各单位审批办理的工作人员仍然分散在各自单位的办事大厅（或服务窗口）办公，接收必要的纸质材料，完成内部审批办理和证照发放工作。所有审批件的办理过程、结果和证照信息都会集中存储到审批信息资源共享库，并在网上公开，接受监察部门和群众的监督，有效地提高了服务质量和审批效率，减少了申请人等待时间和往返次数。

8. 电子监察制。2010年，省级具有行政审批职能的43个部门的721项行政许可事项已全部纳入电子监察；101个市、县（市、区）的29122项行政许可事项也全部纳入电子监察，并实现与省电子监察系统联网工作。电子监察系统把业务办理过程划分为“受理、承办、审核、批准、办结”五个环节，对业务办理全过程实时监控。在浙江省监察厅电子监察中心，通过电子监察系统可以实时查看省、市、县三级审批事项的办理状态。从申请人递交材料开始，到最终

---

① 王峰：《地方政府社会管理与服务创新的路径：以浙江湖州行政审批服务为研究对象》，载《辽宁行政学院学报》2012年第5期。

批复发证，电子监察中心都可以看到。借助该系统，每个岗位工作人员在办理审批业务时，所用时间、工作效率也能得到客观的“量”化。依据浙江省《行政审批电子监察绩效考核办法》，对省级 43 个部门和 11 个市的审批时效、事项纳入率、社会评价等情况开展考核，每月公布考核排名情况，进一步推动省级各部门和各市提高审批时效，扩大监察范围，促进技术预防与制度预防的有机结合。据统计，2009 年浙江省纳入电子监察的 101 个市、县（市、区）累计受理审批业务 212.2 万件，办结率 86%，提前办结率 83.5%，审批提速在 50%以上。

各种新的制度、机制相互作用，产生了明显的“化学反应”。如衢州市严格落实行政审批事项清理的规范化，积极探索网上审批的新路径，较早地实行企业投资核准目录制度，为改革的有序、持续推进提供了条件。宁波市建立的行政审批与电子监察系统对所有事项的承诺时间和办理流程进行固化设计。事项受理后，不同的审批事项按照预设流程进行处理，并自动短信通知服务对象审批进度或结果。审批状态数据实时交换到市电子监察系统，使审批行为和办理过程在阳光下运行。通过网上办事大厅、电子监察系统，以及审批事项管理系统的建设应用，浙江实现了“部门全覆盖、事项全覆盖、流程全覆盖”的全方位监察，实现了对行政审批行为的全过程监管，省、市、县三级互联互通，在畅通政务信息、方便群众办事、实现资源信息共享等方面取得了显著成效。

总体来看，2013 年前以行政审批改革为主体的浙江行政改革是以效能建设为目标而展开的。这场改革的内容及特点也可更简洁地称为集三大“整合”于一体，即场域整合、事权整合与流程整合。这种整合过程为浙江政府行政的模式创新和效率提升创造了制度条件。当然，这三大“整合”更多地还是发生在机构层面，其中未触及的部分为之后的改革留出了“空间”。

二、“四张清单一张网”：撬动政府职能转变

2013年，以“权力清单”建设为主体的“四张清单一张网”改革开始实施。这标志着浙江行政审批制度改革乃至整个浙江行政体制改革进入一个全新的深化发展阶段。“四张清单一张网”改革并未否定而是延续了前一阶段行政审批改革的效能建设逻辑，更重要的是，它将改革的重心转向了规范和改善政府权责运行。这是浙江政府在“放管服”改革领域的又一次积极探索，也是浙江政府自身改革的又一次大胆尝试。以确权责、晒权责、行权责和制权责等一系列举措，“四张清单一张网”改革的最终目标就是要推动政府职能转变，厘清政府、市场与社会的关系，进而撬动体制机制的各种改革和创新。

（一）“四张清单一张网”改革的政策逻辑

“四张清单一张网”改革的启动有着深刻的政策背景。与浙江改革的情况相似，党的十八大以前，许多地方的行政改革遵循的是一条效能建设的路径。政府体制改革虽然常常以政府职能转变作为其目标，但是实际效果离改革设计者的预期和人民群众的需求还存在不小差距。机构改革经历了六轮，但是政府运行仍然存在体制机制的障碍，甚至有不少人称政府机构改革陷入了“撤—并—撤”的“怪圈”。而如何简政放权，如何真正实现政府职能的转变，以规范高效的组织体系为群众和企业提供优质的服务，成为浙江政府改革面临的中心命题。

浙江行政体制改革的新思路可以概括为：加强政府权责体系和

组织体系建设，以政府权力的“减法”换取市场和社会活力的“加法”。新的改革设计既遵循了中央和国家层面简政放权改革的战略部署，又回应了浙江经济社会发展和政府自身改革的迫切需求，逐步形成了系统化的改革思路（见表3－2）。

表3－2　党的十八大以来浙江省行政体制改革的新思路

总体思路	加强政府权责体系和组织体系建设，以政府权力的“减法”换取市场和社会活力的“加法”。
突破口	以深化行政审批制度改革等作为改革的突破口。
着力点	以构建科学合理的政府权责体系和组织体系作为着力点。
原　则	坚持法无授权不可为、法定职责必须为的原则。
目　标	推进政府机构、职能、权限、程序、责任法定化，确保政府依法全面履行职能。

在这个新的改革框架中，有三项关键内容：

1. 以权责体系建设和组织体系建设作为着力点。权力和责任是简政放权改革和整个政府体制改革的内在核心要素。只有抓住了核心要素，实现权责体系的优化，才能真正实现简政放权和政府职能转变，才能使得体制改革取得实质性突破。简政放权其实包括了两个方面：一方面，政府向着市场和社会主体的“放权”，倒逼自身的“简政”；另一方面，政府自身内部自上而下或横向部门间的“放权”，以及通过组织和制度调整来实现“简政”。

2. 以法治作为原则。改革开放以来，地方创新经验层出不穷，但是法律框架和顶层设计却没能跟上地方改革和发展的步伐，不仅使整体改革推进面临“天花板”，也让地方探索遭遇合法性风险。坚持“法无授权不可为、法定职责必须为”的原则，既是为了保障法的实施，也是为了推动法治的完善。特别是通过改革为推动市场和社会的良性发展、厘清政府与市场及社会的关系、明确政府职能提供规范的制度框架。

3. 以深化行政审批改革作为突破口。行政审批是政府直接面向市场和社会主体，进行管理和服务的一项基本制度，是政府、市场和社会关系的最直观的呈现方式，其优劣程度直接决定了市场和社会的活力。浙江前三轮行政审批制度改革取得了显著的成绩，同时也面临诸多新的矛盾和困境，经济社会形势的变化又给行政审批服务提出了更高的要求。

在这个整体的改革框架里，权力清单制的建设又处于什么样的位置？如果把政府自身改革比作一块“巨石”，那么权力清单制度就是一根“杠杆”，通过这根“杠杆”，可以“撬动”新一轮的政府自身改革。其功能至少体现为三个方面：一是直接撬动政府权责体系和组织体系的建设，通过优化职权体系，来推动职事调整和组织体系建设；二是撬动地方法治建设，规范政府自身行为，倒逼国家法律框架和顶层设计的变革和完善；三是撬动新一轮的行政审批制度改革，通过规范政府部门之间，政府与市场、社会之间的权责关系，促进标准化建设和制度创新，推动行政审批的优质高效。因此，有许多人将“四张清单一张网”的改革当成是浙江第四轮审改的关键组成部分，毋宁说两者是相互作用、紧密关联的。实际上，除了为“撬动”行政审批制度改革，“四张清单一张网”改革的设计者还试图以此来“撬动”更多方面的制度变革。

（二）“四张清单一张网”改革的实施及成效

2013 年 11 月，权力清单制度建设的启动拉开了浙江“四张清单一张网”改革的序幕（见表 3－3）。从富阳区县级试点，到省级部门和各市县的全面实施只用了不到一年的时间。从响应国家政策要求，迅速实施权力清单制建设，到“一张网”建设，初步形成“三单一网”模式，再到及时回应改革需求，加入“责任清单”，形成“四单一网”和行政审批、公共服务、综合执法、市场监管等若干专项领域改革相互配合的整体推进态势。改革的推进力度大、速度快，且较之以往的改革具有更明显的系统性。

表 3－3 浙江“四张清单一张网”改革重要事件表

时　间	事　件
2013 年 11 月	中共浙江省委十三届四次全会决定，将建立公开政府权力清单制度作为近期重点突破的改革项目。浙江省政府常务会议决定在省政府部门率先开展职权清理、推行权力清单、规范行政权力运行工作。省政府决定启动建设“一张网”。
2014 年 1 月	浙江省 2014 年《政府工作报告》将权力清单列为当年省政府八项重点工作之一。省政府确定在富阳市开展权力清单制度试点工作。
2014 年 3 月	省政府召开推行权力清单制度电视电话会议，全省全面推行政府权力清单制度。
2014 年 6 月	浙江省省级机关权力清单正式公布，“浙江政务服务网”正式开始运行，“三单一网”模式形成。
2014 年 7 月	省政府决定开展责任清单工作。
2014 年 8 月	省政府印发《关于开展部门责任清单编制工作的通知》，“四单一网”模式形成。
2014 年 10 月	浙江所有市、县两级政府公布政府部门权力清单，全国首张省级政府部门责任清单发布。
2014 年 12 月	浙江所有市、县两级政府部门的责任清单公布。
2015 年 1 月	政务服务网实现省市县联网并向乡镇延伸，同时启动建设全省统一的政务公开平台、公共服务平台和公共数据平台，完善责任清单制度。

浙江省首推政府权力清单、部门责任清单、财政专项资金管理清单、企业投资负面管理清单及全省联通的浙江政务服务网“四单一网”建设，探索实施企业投资 100 天高效审批、核准目录外企业投资项目不再审批、“零地技改”项目不再审批、市县同权的行政审批一体化改革等一批开创性的改革举措，着力打造最简、最优、最高效的审批流程。这些举措给企业和群众办事带来实实在在的便利和实惠，受到社会的广泛欢迎。根据国务院委托第三方评估，浙江

省企业和群众办事的便捷度和满意度位居全国前列。之所以能够取得这种成效，得益于改革的实践者抓住了影响政府行政体系运行的关键内容和要素。

1.“确权责”，促进事项精简和职能转变。在整个“四张清单一张网”改革过程中，一项基础性工作就是“确权责”，通过梳理权力清单和责任清单，促进事项规范和精简，厘清政府体系内部各部门之间的关系，厘清政府与市场、社会的关系，推动政府自身的职能转变。这主要包括三个方面：

（1）清权减权。清权减权的目的是要还权于市场和社会，让“有形之手”在适当的范围内被运用，更有利于发挥市场在资源配置中的决定性作用。通过权力事项梳理，可以削减一部分部门不应承担或不需要承担的权力事项，一些事项可以取消或由市场或者社会主体来承担。通过几轮梳理，省级部门和各地市部门的权力事项削减率普遍超过50%，起到了政府“瘦身”的作用（见表3-4）。县级层面的效果也很明显。以权力清单的县级试点地区富阳市[①]为例，在前几年行政权力规范运行改革的基础上，经过此轮清权减权，仅2014年，原始权力即从2008年的7800项削减到5796项（削减率25.7%），常用权力从2008年的2500项削减到1790项（削减率28.4%）。而且，这种权力清单的梳理过程始终遵循了“法无授权不可为”的原则，让政府在行使权力的过程中“管好自己的手”，并进一步倒逼一些滞后的法律和制度的变革。

---

① 2014年12月13日，经国务院批准，撤销富阳市，设立杭州市富阳区。

表 3-4　浙江省省级和各地市政府部门权力事项清理情况（2016 年）

	纳入职权清理部门	原始权力事项	保留行政权力	权力事项削减率（%）
省级部门	57	12300	4236	65.6
杭州市	45	14476	4227	70.7
宁波市	52	10333	4189	59.5
温州市	55	12723	4168	67.2
嘉兴市	42	11552	3911	66.1
湖州市	43	9377	3800	59.5
绍兴市	49	8781	4045	53.9
金华市	39	9173	4181	54.4
衢州市	42	10853	4341	60.0
舟山市	40	8163	3851	52.8
台州市	39	9262	4702	49.2
丽水市	37	8342	3860	53.7

除了政府向市场和社会放权的过程，清权减权的另一个目的是要厘清政府上下级之间或横向部门之间的权力关系。这既是一个依法规范内部职权体系的过程，也是一个优化内部职权体系的过程，从而带动组织和制度的结构性变革（见表 3-5）。

表 3-5　浙江省省级和各地市政府部门权力下放情况（2016 年）

	保留行政权力	直接行使	实行属地管理和委托下放	属地管理和委托下放比例（%）
省级部门	4236	1973	2255	53.2
杭州市	4227	3215	1012	23.9
宁波市	4189	3327	854	20.4
温州市	4168	2841	1319	31.6
嘉兴市	3911	375	3500	89.5
湖州市	3800	3412	358	9.4

续表

	保留行政权力	直接行使	实行属地管理和委托下放	属地管理和委托下放比例（%）
绍兴市	4045	3776	261	6.5
金华市	4181	3851	322	7.7
衢州市	4341	1522	2811	64.8
舟山市	3851	2465	1378	35.8
台州市	4702	1939	2755	58.6
丽水市	3860	2763	1089	28.2

优化职权体系的过程与优化组织体系的过程可谓相辅相成。浙江政府将清单的梳理与内部组织和制度再造相结合。最典型的例子是2013年以来，由国务院层面发起的市场监管领域的大部制改革。这场改革的要点在于厘清工商管理部门、食药监部门和质监部门之间的权责关系，使得新成立的市场监管局能够实现内外部各主体之间的协调顺畅。在浙江，“四张清单一张网”改革成了推进和完善地方市场监管体制改革的重要途径和工具。

（2）突出责任。突出责任即要切实履行政府部门应当承担的那些职责，特别是要将那些由法和制度所规定的，事关公共利益和地区整体、长远利益的责任落实到位。在富阳的试点改革过程中，当地政府认为推进权力清单制度，不仅要解决“法无授权不可为”的问题，也要解决“法定职责必须为”的问题。于是，富阳加大了对权力清单制度的深化和应用，于2014年10月15日晒出了全国首份县域责任清单。2015年，富阳再对责任清单进行调整提升，针对基层调研时发现的一些证照逾期遗忘导致的补办和处罚事项，创造性地提出并建立了“服务清单”。服务清单实际是责任清单在重点领域的一种拓展和深化。以此为参照，省级和各地市部门责任清单的梳理和制度建设全面展开，彰显了突出责任的要求（见表3-6）。

表 3-6 浙江省级和各地市政府部门责任事项梳理情况（2016 年）

	主要职责	具体工作事项	多部门职责边界划分事项	事中事后监管制度	公共服务事项
省级部门	543	3941	165	555	405
杭州市	547	3553	150	574	333
宁波市	574	3470	149	630	395
温州市	501	3375	299	523	365
嘉兴市	492	3208	92	517	302
湖州市	420	2728	161	516	355
绍兴市	535	3330	29	545	322
金华市	505	3078	182	545	316
衢州市（全市）	3056	15433	267	2119	1499
舟山市	456	3171	156	524	327
台州市	525	3465	227	487	348
丽水市	473	3273	142	504	378

除了厘定各部门的“主要职责”和“具体工作事项”，还强调政府部门在公共服务领域，特别是在承担重大公共服务事项上的责任；并且，随着部门之间的关系调整，特别是行政审批权力取消或下放、审批和监管责任也分离、转移，为防止监管随之“缩水”或出现监管“真空”，更将完善“事中事后监管制度”当作重点来抓，促进审批的优化、简化，推动职能部门切实履行监管职责。

（3）厘清边界。厘清部门之间的职责边界是部门权责清单梳理过程中的重点，也是难点。在行政审批、市场监管、综合执法等领域的改革中，这一方面的问题尤其突出。为解决部门之间职责模糊的问题，从有利于推进工作的角度，明确主办、协办的关系，厘定各部门交叉事项的职责，特别注重存在重复信访事项部门的职责梳理，为相关的监督部门履职、问责打好基础。当然，这种厘清边界的过程更直接体现在具体的职责落实中，在下面关于“行权责”的内容中将更多展开。

2.“晒权责”，推进信息共享和线上互动。简单地说，“晒权责”就是利用“互联网＋”的手段，促进政府权责清单事项和相关信息的公开、共享。2014 年 6 月 25 日，浙江政务服务网正式开始运行（见图 3－5），翌年，实现了省市县联网，并向乡镇延伸，同时启动建设全省统一的政务公开平台、公共服务平台和公共数据平台。

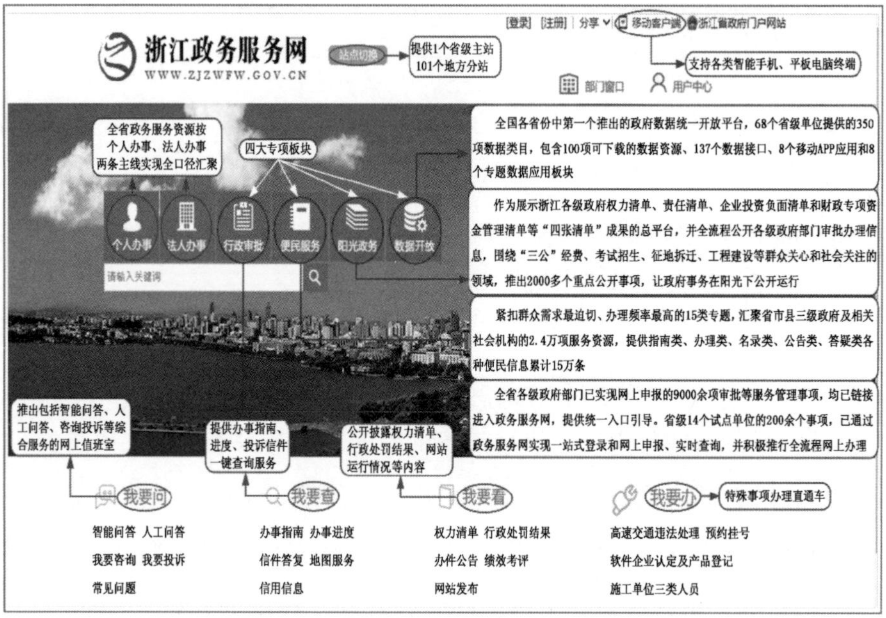

图 3－5 浙江政务服务网的功能模块

政务服务网的功能定位是：集行政审批、政务公开、便民服务、效能监察、数据开放于一体，省市县乡四级联动，各方在线互动的大平台。这一定位意味着与权责事项梳理一样，在整个“四张清单一张网”改革乃至浙江行政体制运行的大格局中，“一张网”建设具有基础性的地位。它抓住了撬动改革的关键性资源，即信息资源。在组织或制度运行的过程中，信息资源起到的作用就是为人、部门等主体间的沟通、合作提供内容及媒介，为管理上实现计划、组织、协调和监督等职能提供支持性作用。“一张网”建设重新设置了政府部门内部及政府与外部主体间的互动方式，它甚至意味着一系列新的制度安排。通过“一张网”建设，至少产生了两个方面影响：

一方面，通过信息公开，提高行政审批和政务服务的水平。全省政务服务资源按照“个人办事”和“法人办事”两条主线实现全口径汇聚，各级政府部门已经实现网上申报的9000余项审批等服务管理事项，均链接进入浙江政务服务网，提供统一的入口引导。省级的14个试点单位的200余个事项，已通过政务服务网实现一站式登录和网上申报、实时查询，并积极推行全流程网上办理。在“便民服务”板块，紧扣群众需求最为迫切、办理频率最高的15类专题，汇聚省市县三级政府及相关社会机构的2.4万项服务资源，提供指南类、办理类、名录类、公告类、答疑类等各种便民服务信息累计超过15万条。群众还可以通过“我要办”，“搭乘”特殊事项办理的“直通车”。另外，“数据开放”板块是全国各省份中第一个推出的政府数据统一开放平台，68个省级单位提供的350项数据项目，包含100项可下载的数据资源、137个数据接口、8个移动APP应用和8个专题数据应用板块。

另一方面，通过信息共享，提高内外部监督和绩效管理的水平。除了利用浙江政务服务网的数据平台，为纪检和职能部门开展效能监察和绩效监督工作夯实基础，浙江政务服务网还进一步拉近了政府与群众、企业和社会主体的交往距离。浙江政务服务网的“阳光政务”板块，是展示浙江各级政府权力清单、责任清单、企业投资负面清单和财政专项资金管理清单“四张清单”成果的总平台，并全流程公开各级政府部门审批办理信息，围绕“三公”经费、考试招生、征地拆迁、工程建设等群众关心和社会关注的领域，推出

2000多个重点公开事项，让政府事务在阳光下公开运行。通过“我要问”的智能问答和人工问答服务，集咨询服务和投诉举报于一体；通过“我要查”，提供办事指南、进度、投诉信件一键式查询服务；通过“我要看”，公开披露权力清单、行政处罚结果、网站运行情况等内容。

3.“行权责”，优化制度运行和服务供给。“行权责”就是以“四张清单”为基础，以“一张网”为工具，多层面、多方位地推进权责有效履行。这主要包括以下四个方面：

（1）改革行政审批制度，提高政务办事效能。以“两集中、两到位”、全面推行网上审批、实施行政审批效能指数考核等作为改革基础，探索并联审批、区域化零为整审批、负面清单外零审批、中介纳管捆绑考核、建设工程联合测绘机制、深化商事登记制度改革等一系列创新举措，这使得审批时效大大加快，受到群众和企业的好评。特别是并联审批，如网上施工图并联审批，由综合进件窗口一次性收取规划、住建、消防、人防、气象五部门的审批材料，经电子化后扫描入网，启动五部门并联审批，部门收取材料从原来的50余件次减少为24件次，群众从原来的跑5个窗口减少至1个，审批时间从原来串联的50余天减少为6个工作日，取得了明显进展（见图3-6、图3-7）。在富阳的改革中，于2015年7月1日起推行“五证合一”企业注册登记制度改革，按照“一窗受理、一表申请、并联审批、限时办结、核发一照”的模式，将工商营业执照、税务登记证、组织机构代码证、统计证、社保登记证由各部门分别办理、各自发证，改为统一受理、核发一照。这项改革使得企业注册登记的平均用时从原来的15个工作日压缩到2个工作日。

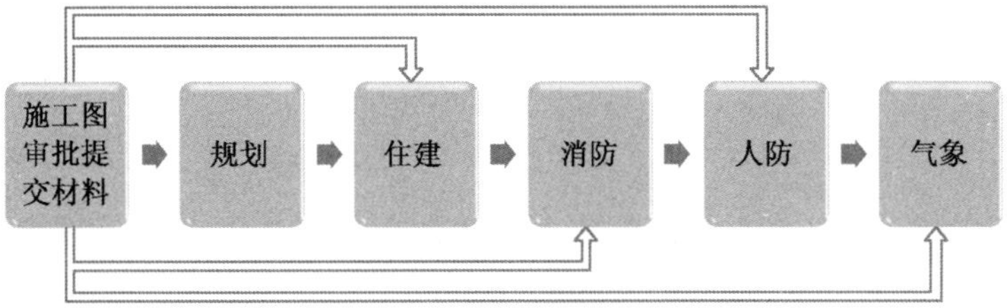

图 3－6　传统串联审批

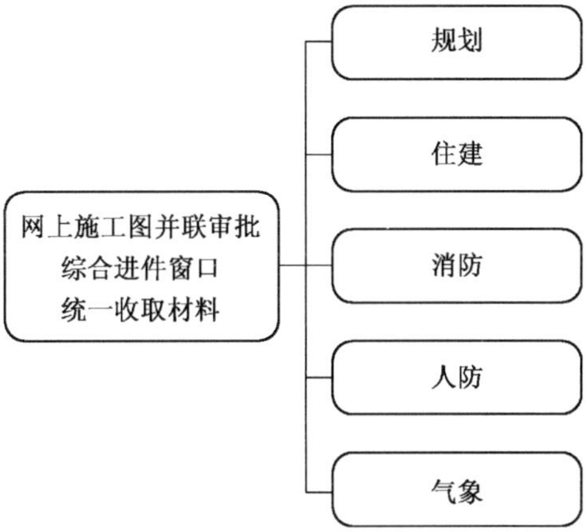

图 3－7　“互联网＋政务”模式下的并联审批

（2）创新公共服务机制，提升公共服务水平。打造服务型政府是政府职能转变的主要方向。这不仅体现在以服务理念引领行政审批等政务办事流程及制度的优化，也体现在能够为群众日常生活提供实实在在的便利。在“四张清单一张网”改革的深化推进过程中，浙江把政务服务和类似证件到期提醒、缴费告知等与群众日常生活密切相关的服务事项，以及“水、电、气”等国企服务项目也纳入服务范畴，实现服务的清单化和标准化。譬如，在富阳所梳理和实施的“服务清单”中，主要有三个方面内容：① 办事指南。在各部门各类现行的办事指南中，梳理与群众日常生活紧密相关、经常遇到的办事事项（如开餐饮店、百货零售店等），共 145 项。② 证照提醒。主要是梳理各单位颁发给群众的证照，要求各部门在证照期限截止日前一个月，通过短信、电话或者网站公示进行提醒，共梳理出对个人证照过期会产生重大影响的提醒事项 45 项。③ 其他服务。整合梳理了原重大公共服务的内容，将法律法规规定或部门常态开展的公共服务进行重新梳理整合，共梳理出 93 项。另外，“四张清单一张网”在整合非应急公共服务平台中也有所应用。针对权力清单制度梳理中发现的多头受理问题，一些地方尝试从机构实体化运作角度出发，整合 12345、96345 等各相关部门的受理平台，为群众提供更大便利。

（3）推动综合执法改革，增强社会治理能力。针对权责交叉、多头执法、有责无人、基层薄弱等问题，以权力清单、责任清单为基础，梳理出涉及综合执法的数十个领域的权力事项，分批划转整合，推动行政执法重心下移、相对集中行政执法权、整合规范执法主体、优化执法力量配置、深化执法协作配合，着力增强政府治理能力和社会管理水平。在此过程中，着重强调事中事后监管职责的履行。通过责任清单，特别是事中事后监管制度，做到“该管的管好，该扶的扶好，该亮的亮明”，补齐了改革过程中取消、转移、委托、下放后产生的监管“短板”，强化了资金、项目等一些“堡垒”的监管，强化了民生重点领域“难点”监管。比如，安监部门对安全生产的监管。以往部门检查的随意性很大，借助责任清单，将监管的频率、监管的方式，以及相应的处罚等都作了明确规定，从而提高了监管力度。

（4）助力政府机构改革，改善部门行权履责。“四张清单一张网”除了撬动综合行政执法体制改革，还在多个领域的政府机构调整和体制改革中起到了积极的作用。通过责任清单的梳理，对一些在职责存在交叉、重叠或相近的部门，在机构改革时予以重点考虑，同时，按照权力事项的多少、大小和重要程度差异，重新调整编制和机构设置，从体制上减少权力的混乱问题，并发挥了政府“瘦身”的优势，降低了体制运作的成本。比如，在富阳改革中，工商、质监、食药监整合成市场监管局，行政编制减少了15%，事业编制减少了10%，内设机构减少了5个；卫生局、计生局整合成卫生与计生局，行政编制减少了15%，事业编制减少15%。

4.“制权责”，强化流程规范和绩效监督。“制权责”即对政府权力、责任的履行进行有效制约和控制。“制”不只是“制约”，更在于以“控制”促效能。“四张清单一张网”改革力图将“制权责”融入政府履行行政审批、公共服务与事中事后监管权责的过程中。这主要包括三个方面：

（1）规范行政流程。规范行政流程就是规范政府自身的行为。为了实现这个目标，每一个行政审批或其他政务服务事项，皆绘制成相应的流程图（见图3-8）。在“权力运行流程”的每一个环节中标明可能遇到的风险，并指出风险级别和相应的防范措施。这种做法实际是将权力监督工作与完善政务服务及事中事后监管制度结合，强化对权责行使及其结果的风险控制与绩效监督，即以流程图为依据，以考核为手段，切实保障行政权责能够依法（避风险）、有效履行（提绩效）。

若某事项涉及多个部门，依据梳理出的部门职责边界，还编制了说明性的案例，进一步明确政务办事和行政管理的程序，方便了工作人员及群众理解。譬如，绍兴市柯桥区的“土地执法监管”事项涉及区市场监督管理局、区国土分局、区环境保护局、区水利水电局等11个部门。2015年3月，某镇家庭工业集聚点违法用地被新闻媒体曝光，区国土分局立即开展对该违法用地的查处工作，水利水电部门对涉事企业采取停水停电措施，镇政府会同安监、环保部门向涉事企业下达整改通知书，城监部门责成该企业自拆及帮拆，

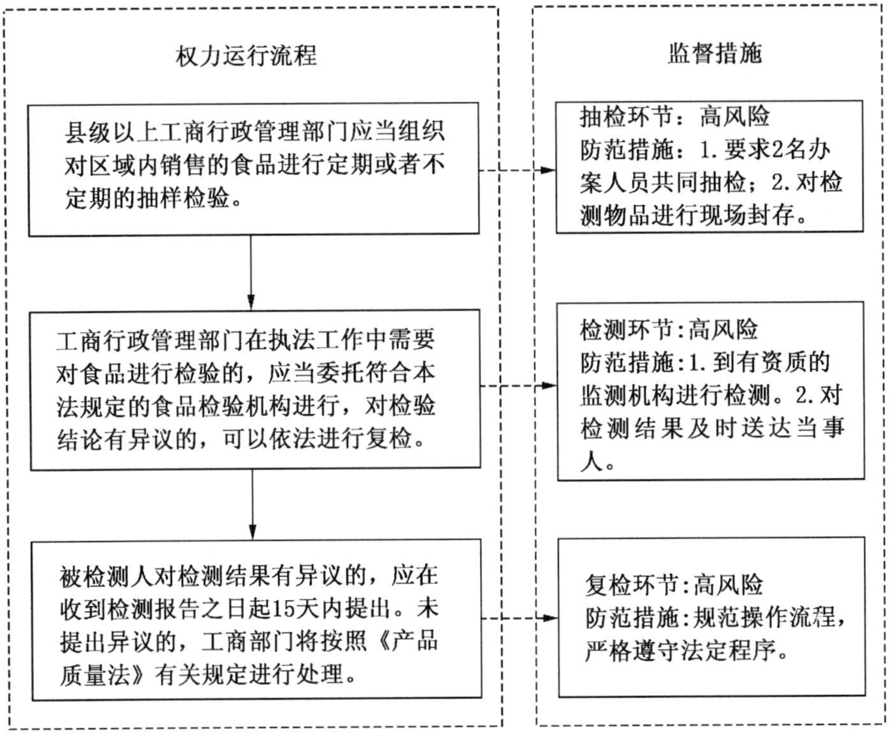

图 3－8　“权力清单、风险防控”监督图（商品质量监测）

区国土分局对未整改到位的违法用地作出行政处罚并依法申请人民法院强制执行。对于处理此类涉及多部门的事项，浙江政务服务网上都给出案例说明，同时还列出相应的法律和政策依据，给实际操作提供参考依据，使得分工变得更加明确，并强化了部门在处理综合性、复杂性事项时的协同配合。

(2) 改进绩效管理。通过“四张清单一张网”改革，浙江政府努力探索部门职权体系和管理的规范化、标准化，并以标准化来促进绩效的提升。具体表现为，“四张清单一张网”在目标管理、绩效考核、效能监督等管理环节的应用，推动了政府在行政审批、信访维稳、机构改革等方面的工作落实。除了利用流程图和案例说明来明确绩效控制的规范性目标，通过“一张网”建设来强化效能监督的实时性和科学性，另一个典型的做法就是“行政审批效能指数”的应用。这项创新做法旨在将内部绩效控制应用于政府人员的日常管理中。在职能部门的中心工作人员逐步纳入中心统一管理的基础上，通过“月度考核”和“年度考核”细化考核监督。考核设置了一审一核、提前办结率、上网率等十个动态效能指标和职能整合等五个常态指标，同时将上网率、外网申报率、事项联办率、资料精简率、中介服务效率等指标纳入效能指数考核。考核结果通过展板、电子显示屏或媒体排名通报，让办事人员的日常行为和工作情况受到有效激励与监督。这种做法将审批考核从原来的工作纪律、统计分析等浮于表面的管理，变为深入每一项具体业务的管理，巩固了审批改革成果，激发了部门提速增效的潜能。

(3) 完善外部监督。在“四张清单一张网”的系统性改革推进过程中，除了利用浙江政务网上的“阳光政务”“数据开放”等板块为公众监督政府工作提供互动平台，浙江还致力于完善投诉举报的多种平台建设，将网上投诉举报、现场投诉举报、电话投诉举报衔接统一。许多地方探索整合多平台资源，建立投诉举报统一受理、协调督办、执行办理和效能监督、行政问责、行政执法协调指导等工作机制，解决多头受理、考核无序的问题，减少重复的公共支出问题。

“四张清单一张网”改革取得了积极成效。通过清权减权、规范权力运行、落实行政职责，使群众和企业到政府办事的效能较之前有了更大提高，真正做到了“以政府权力的减法来换取市场和社会活力的加法”，得到了群众的普遍认可（见图 3-9、表 3-7、表 3-8）。

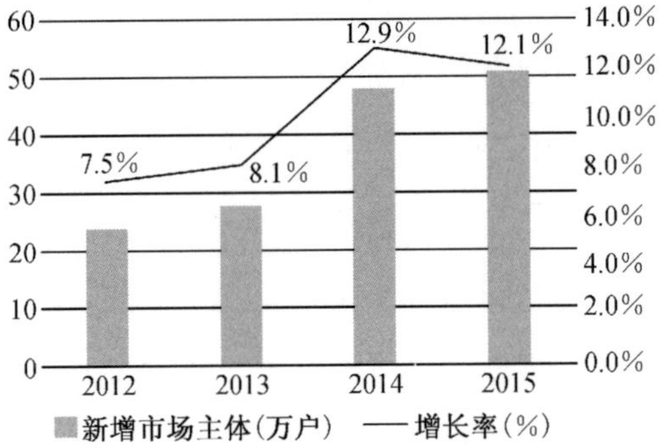

图 3－9　改革成效：激发市场活力

而且，“四张清单一张网”改变了浙江政府自身的“面貌”，进一步向着法治政府和服务型政府的目标迈进。以往服务和监管虽然是政府的职责，但强化“服务”和“监管”的理念未能有效贯彻于体制机制的建设中，且“审批”和“监管”职能并未清晰分开。而随着权力和责任界定更加清晰、科学，职能转变不断深化，公共服务和事中事后监管的职能履行更加到位。

表 3－7　改革成效：社会评价（一）

	很满意（%）	比较满意（%）	不满意（%）	不了解（%）
规范政府行政权力运行	27.0	43.1	4.8	25.1
提高权力运行透明度	27.5	43.1	6.2	23.2
降低社会成本	25.5	43.9	5.7	24.8
遏制腐败行为发生	27.2	42.9	5.0	24.9
方便群众办事	29.2	42.9	3.8	24.1

注：该调查由浙江省政协于 2015 年 2 月到 3 月组织实施，共发放问卷 6450 份，回收得到有效问卷 5524 份，受访者分布于浙江 11 个地级市的 47 个县（市、区）、176 个乡镇（街道）。

表3-8　改革成效：社会评价（二）

	明显好转（%）	有些好转（%）	没有好转（%）	不了解（%）
不同层级政府重复审批	26.4	43.3	4.5	25.9
不同部门重复审核材料	25.3	43.8	5.0	25.9
不同部门相互推诿扯皮	25.0	42.1	7.8	25.3
工作人员不按规章办事	27.9	42.5	4.4	25.3
办事环节过多耗时过长	26.2	42.7	5.8	25.3
工作人员自由裁量权大	26.0	42.6	5.5	25.9
办事通常需要送钱送礼	29.9	39.5	4.1	26.5

注：该调查由浙江省政协于2015年2月至3月组织实施，共发放问卷6450份，回收得到有效问卷5524份，受访者分布于浙江11个地级市的47个县（市、区）、176个乡镇（街道）。

三、“最多跑一次”改革：增强人民群众“获得感”

改革是时代的主题。每一场改革不仅是对特定历史环境的一种积极回应，也是其所在特定历史时期的产物。也就是说，一方面是新的改革总是不得不回应新情况、新问题，必然要超越先前的改革；另一方面则是过去的改革实践总是能为当前及未来的改革积累要素和资源，为其启动和发展创造有利条件。浙江行政体制改革的进程，特别是“最多跑一次”改革的实施正好诠释了这种历史规律。

（一）“最多跑一次”一定要实现：以改革成效获得人民认同

以增强人民群众的“获得感”为目标的“最多跑一次”改革是全新的历史条件下的政府自身改革，是迄今为止浙江政府体制改革的最高阶段。“以人民为中心”本就是政府的内在属性。而且，这场改革需要解决之前改革未能解决的问题。这是“最多跑一次”改革的必要性。

1. 行政审批改革的不充分，使浙江政府必须扎实推进“最多跑一次”改革。不可否认，21 世纪初的行政审批制度改革使得浙江政府开创了规范化的“一站式服务”“两集中、两到位”制度的先河。这些措施为之后的改革明确了方向，提供了许多基础性条件。即便如此，这一时期的改革并未完成对体制架构的实质性突破。其根本原因在于，体制上还未给经济发展型政府向服务型政府转变提供充分的条件。一些地方政府追求“GDP”数字和经济快速增长的强烈动机还没有变。在调动县域经济活力、促进市场发展的方式和手段上仍显陈旧、单一。这可以说是由当时浙江地方政治、经济、社会等发展的现实状况造成的。这也造成改革仍存在一些不足和困难。比如，一些审批事项梳理缺乏明确依据，政府与市场边界还不够清晰，政府间权责分配仍存在模糊，优化的审批流程实际操作难，网上系统易建设却难推广，各地创新和制度实施进度不一等等。因此，之后的“四张清单一张网”改革以法治为原则，首先做的便是从规范政府自身行为、优化行权履责入手来矫治政府行政的种种缺陷和弊端。到了“最多跑一次”改革，更需要以强有力的手段来推动政府职能转变的成效转化为“实效”——真正走出审批事项“设置—撤销—再设置”的怪圈，让群众和企业有更多获得感。

2.“四张清单一张网”改革未达成的目标，需要通过“最多跑一次”改革来实现。党的十八大以来，浙江政府改革虽继续推进效能建设，加大简政放权力度，但这一轮改革逐步从政府机构、编制、职位、流程、管理范围等政府职能的具体现实要素转向了政府职能的职权本质。可以说，“四张清单一张网”是一项“崭新”却又“基础性”的改革策略。所谓“基础性”，体现在它要回应的是之前行政审批改革未解决，甚至是改革开放以来一直困扰政府治理的难题。

然而，“四张清单一张网”改革所提出的许多目标并未能完全实现，这一场改革所取得的成效距离人民群众对于政府的期待还有不少差距。正如前文所列举的数据中所示，还有不少群众并不清楚，甚至不知晓政府正在开展这一系列改革（见表 3－7、表 3－8）。换句话说，即便“四张清单一张网”改革力图实现政府体制改革的系统深化，顺应了国家治理体系与治理能力现代化的要求，但是究竟如何将政府自身改革的成果转化为群众和企业更实实在在的“获得感”，这依然是一个亟待解决的问题。况且，政务办事的规范化、标准化建设还在进行，部门及人员的权责关系还需厘清，网上办事的全面推广还需做更多的工作，这些都使得改革必须推向一个新的高度。这不但说明了“最多跑一次”改革的必要性，而且为“最多跑一次”改革设定了基本方向。

3. 浙江地方治理现代化的系统进程，需要由“最多跑一次”改革来引领。以全新的理念和价值追求引领政府改革实践，“最多跑一次”改革需要打破传统政府体制机制的要素组合，并实现优化重组。通过梳理“最多跑一次”清单，进一步改善权力和职能要素配置，突出政府服务责任；通过“一窗受理、集成服务”，对各类机构要素重新组合；通过强化一张政务服务网建设，盘活信息资源，对政府体制的要素构成进行解构和重构；通过一整套改革组合拳，形成多层次、多领域、多要素联动的制度体系。这些重组过程将使浙江政府行政和政务办事更有效地实现从集中办事向集成服务的转变，从现场办理向网上服务的转变，从事前审批向事中事后监管的转变。而且这场改革“接力赛”将会不断地拓展它的外延，在更大程度上促成浙江地方治理体系和治理能力现代化的实现。

（二）“最多跑一次”能够实现：历次改革创造了有利条件

“最多跑一次”的实现必须具备足够的“要件”。正如前两个阶段改革的传承性，“最多跑一次”改革既超越过去的经验，也需要从过去的改革经验中汲取“养分”。前两个阶段完成了要素和资源的积累，为 2016 年底以来浙江实施和深化“最多跑一次”改革奠定了基础。这是“最多跑一次”改革的成功可能性。

首先，历次改革为进一步规范权责事项和转变政府职能打下了基础。在先前几轮的行政审批制度改革中，浙江政府在清理减少审批事项和建立行政服务中心的基础上，较早实施了“两集中、两到位”改革。这与之后“四张清单一张网”改革时强调的清权减权和继续以行政审批改革为突破口一脉相承。“四张清单一张网”改革对于权力的规制，实际是将效能建设与依法行政相结合，为政府权力界定和高效运行提供制度保障。在当前的改革中，为实现“最多跑一次”，进一步推进权责事项的规范梳理，实现审批服务事项和权力向行政服务中心集中依旧是改革的必要选择。而且，无论是行政审批制度改革，还是“四张清单一张网”改革，都试图加强简政放权力度，实现政府自身行为的规范和角色的准确定位。特别是在“四张清单一张网”改革中，开启了党的十八大以来浙江政府改革的新思路，进一步确认了厘清政府与市场、社会关系的目标。而“最多跑一次”改革的实施正体现了一种从政府职能厘定（在法的框架下厘清职能关系）向取得职能转变更高“实效”（从服务的角度创造更优绩效）迈进的使命传承。

其次，历次改革为进一步改善机构设置和制度运行提供了基本架构。实际上，行政审批制度改革阶段就已为“最多跑一次”改革积累了大量的机构改革经验。一方面是“一站式”行政服务中心的普遍设立，为“最多跑一次”改革打下了组织基础。从“上虞模式”到“衢州模式”，作为一种矩阵型组织的理论模型，行政服务中心的基本架构没有变。“最多跑一次”改革的展开很大程度上建立在对这类政务办事机构的再度升级基础上。另一方面是政务办事与行政管理的一系列流程和机制创新模式、做法，形成了清晰连贯的序列。从“联合办理制”到“并联审批制”，从“首问问责制”“一审一核制”“窗口首席代表制”等到“一窗受理、集成服务”，可以发现前两个阶段改革与“最多跑一次”改革间的内在一致性，先期的改革为之后的改革构建了雏形。

最后，历次改革为进一步优化信息平台和新技术的应用创造了条件。“网上审批制”和“电子监察制”的实施说明了，在之前几轮的改革中，“互联网＋”等信息技术新手段已经在政务办事及政府行政管理中发挥实际的作用，即使当时所实施的力度和范围相对有限。“一张政务服务网”的启动建设更为基础数据汇集、部门间信息共享与协同，以及政府与群众、企业的沟通互动搭建了一个“大平台”。浙江政府希望这个“大平台”“集行政审批、政务公开、便民服务、效能监察、数据开放于一体”，依此开发各类功能模块。这种思路在“最多跑一次”改革中被继续遵循。而且，随着改革的推进，“一张网”建设实现了省市县联网，并向乡镇延伸，同时启动建设全省统一的政务公开平台、公共服务平台和公共数据平台，成为“最多跑一次”改革框架中不可或缺的组成部分。

毋庸讳言，随着经济社会发展和人民需求增长，制度供给不足与这种需求增长之间的矛盾可能呈现加剧的趋势。政府唯有积极地回应这种变化，才能有效地扮演自身角色。而落实以人民为中心，实现政府职能转变到位，既涉及对于行政权力边界的适当划分，又依赖于用有效的组织行为、技术工具来承接特定职能。前两个阶段改革经验提供的一个重要启示在于，只有在各类要素有机协调、资源配置到位的情况下，才能充分实现改革的预期目的。“最多跑一次”改革必须把握前期积累的条件，及时优化要素组合和资源配置，推进规范化建设，完成政府行政的制度性重塑。这就需要改革者继续保持“壮士断腕”“敢于试错”的勇气和决心，破除短期思维，跳出部门利益的狭隘观念，不断深化对于行政管理规律和政府治理问题的认识，用系统论的方法、前瞻性的工具来谋划政府改革的方案。从此意义上说，“最多跑一次”改革将成为当前和未来浙江政府完成自身“革命”的一次重要契机，改革者的观念与选择将直接影响其方向，其成效将不得不接受来自人民和历史的检验。

第四章　改革设计：“最多跑一次”改革的基本框架

随着“四个全面”战略布局的形成和推进，一方面，我国治理体系现代化的探索已经进入一个崭新的阶段，即更加注重改革的系统性、整体性、协同性和依法推进的阶段。另一方面，“最多跑一次”改革作为从用户需求角度深化政府改革的全新模式，需要对政府以往的行政模式和治理机制进行深入和全面的变革。因此，科学合理的改革顶层设计，以及在改革基本框架指导下的整体推进，成为“最多跑一次”改革取得成功的不可或缺的关键要素。

一、总体方案及其规范化

正是认识到了顶层设计对于“最多跑一次”改革推进的重要意义，浙江省委、省政府在“最多跑一次”改革启动之初就高度重视改革基本框架的整体设计，在通盘考虑的基础上提出了“最多跑一次”改革的总体方案，并同步推进改革总体方案的标准化和规范化。

(一)“最多跑一次”改革的总体方案

2017年1月，浙江省十二届人大五次会议通过的《政府工作报告》中明确提出，“加快推进‘最多跑一次’改革。按照‘群众和企业到政府办事最多跑一次’的理念和目标，从与企业和人民群众生产生活关系最紧密的领域和事项做起，逐步实现全覆盖”。由此标志着“最多跑一次”改革正式成为浙江各级政府的一项重点工作。为了贯彻落实《政府工作报告》提出的工作要求，深化简政放权、放管结合、优化服务各项工作，加快政府职能转变，省政府在《政府工作报告》通过一个月后就正式印发了作为改革总体方案的《加快推进“最多跑一次”改革实施方案》（以下简称《实施方案》）。

《实施方案》共分为总体要求、职责分工、实施步骤、配套措施、保障措施五个部分，为“最多跑一次”改革确立了明确的任务书、时间表及路线图。其中，在总体要求部分，《实施方案》提出“最多跑一次”改革的工作目标为“以切实增强群众和企业获得感为衡量标准，检验和评价改革的成效，到2017年底基本实现群众和企业到政府办事‘最多跑一次是原则、跑多次是例外’的要求”。改革的实施范围为“各市、县（市、区）政府及其部门、承担行政职能的事业单位，乡镇（街道）政府（办事处），省级有关单位包括承担行政职能的事业单位”。

为了保障总体要求中工作目标的实现，《实施方案》提出了一系列相对应的工作举措和政策措施，包括各省级单位的职责分工（见表4-1）、推进改革的实施步骤（见表4-2）及支撑改革的配套措施（见表4-3）和保障措施等。

表4-1 “最多跑一次”改革各省级单位职责分工

省级单位	职责分工
省政府办公厅	协调各地、各部门加快推进“最多跑一次”改革中的重大问题，推进“互联网+政务服务”等工作。
省编办	加快推进“最多跑一次”改革日常工作，研究制订工作方案，督促各地、各部门抓好工作落实，并牵头做好权力清单、公共服务事项目录梳理和行政服务中心“一窗受理、一次办结”改革试点等工作。

续表

省级单位	职责分工
省信访局	统一政务咨询投诉举报平台的建设和完善，进一步整合热线电话、网络等受理平台，加强平台受理和部门监管执法的衔接，提升运行效能。
省发展改革委（省审改办）	牵头行政审批（含企业投资项目审批事项）和流程再造等工作，在项目投资审批方面重点突破。优化并全面应用浙江政务服务网投资项目在线审批监管平台，依托行政权力事项库，组织维护更新企业投资项目"最多跑一次"事项、全面落实投资项目统一代码制和审批监管事项平台受理制，推进投资项目办件同步共享，做好深化行政审批制度改革、推进企业投资项目承诺制和行政审批标准化（办理的材料、条件和流程等）、开展相对集中行政许可权改革试点等工作。
省公安厅	户口办理、出入境有关证照办理、车辆和驾驶人员证照办理，以及相关资格资质证明、身份认定等便民服务事项方面的工作。
省财政厅	政府非税收入接入浙江政务服务网统一公共支付平台推进方案，构建线上线下一体化收缴体系，建立完善促进各地各部门加快推进平台实施和平稳运行的长效机制；会同省地税局推进行政征收等工作。
省人力社保厅	牵头推进职业资格改革，全面梳理职业资格资质事项，清理浙江自行设置的职业资格，建立浙江职业资格正面清单制度，向社会公开职业资格实施情况，建立职业资格规范实施的长效机制，在职业资格认定、医保社保办理等方面取得重点突破。
省工商局	牵头推进商事制度改革，全面梳理工商登记及前置、后置审批事项，推进企业"五证合一、一照一码"登记制度改革，探索推行电子营业执照，推进证照联办等工作。
省国土资源厅会同省建设厅	推进不动产登记等工作。
省质监局	推进"最多跑一次"事项标准化等工作，制定群众和企业到政府办事"最多跑一次"地方标准。
省法制办	牵头行政处罚、行政裁决等领域相关工作，负责提出行政许可事项、其他权力事项和公共服务事项适用"最多跑一次"改革的法律意见，加强改革合法性审查评估等工作。
省政府督查室	推进"最多跑一次"改革督查工作。

表 4-2 “最多跑一次”改革实施步骤

阶 段	时 间	内 容
梳理公布阶段	2017 年 2 月和 3 月	对加快推进“最多跑一次”改革工作进行全面部署，全面梳理并集中公布第一批、第二批群众和企业到政府办事“零上门”和“最多跑一次”事项。第三季度前再公布若干批“最多跑一次”办事事项。
全面督查阶段	2017 年 6 月	省政府办公厅牵头开展“最多跑一次”改革的专项督查，查找短板，进一步倒逼政府自身改革。
巩固提升阶段	2017 年下半年	完善“最多跑一次”改革事项标准和办事指南，建章立制、总结评价，巩固深化改革成效。

表 4-3 “最多跑一次”改革配套措施

配套措施	主要内容
便民服务平台	探索将部门分设的办事窗口整合为“投资项目”“不动产登记”“商事登记”“社会事务”等综合窗口，实行前台综合受理、后台分类审批、统一窗口出件，避免群众在不同部门之间来回奔波。
事项网上办理	深化浙江政务服务网建设，基本实现服务事项网上办理全覆盖，大幅提高网上办事比例，推动更多审批事项和便民服务通过移动互联网办理。
政务咨询平台	加大非紧急类热线整合力度，加强“12345”政务服务热线电话与 110 报警服务台对接工作，完善运行机制。
事项办理标准化	制定发布浙江群众和企业到政府办事“最多跑一次”地方标准，形成《办理指南参考目录》，明确办理条件、办理材料、办理流程，取消没有法律法规依据的证明和盖章环节。
审批制度改革	继续精减行政许可事项，推进政府核准投资项目目录“瘦身”。优化并全面应用企业投资项目在线审批监管平台。深化商事制度改革。
创新政府监管	推进综合行政执法体制改革，探索智慧监管、审慎监管，形成事前管标准、事中管达标、事后管信用的监管制度，促进更好的放权和服务。
“四个平台”建设	推进基层治理“四个平台”建设，不断完善县级部门设置在乡镇（街道）的服务窗口，优化行政资源配置，更好地承接和落实“放管服”各项改革。
社会信用体系建设	健全信用联合奖惩机制，推进诚信典型红名单和严重失信主体黑名单制度建设。

根据《实施方案》的要求，各省级单位率先垂范，于 2017 年 2 月底梳理公布首批“最多跑一次”事项 750 项（省直单位 516 项，中央直属单位在浙机构 234 项）。3 月公布的第二批清单进一步扩大了各省级单位“最多跑一次”事项范围。截至 3 月底，省级单位已有 958 项事项（省直单位 695 项，中央直属单位在浙机构 263 项）实现了“最多跑一次”。此后，经过 3 轮比对规范，截至 7 月底，省级单位共公布“最多跑一次”事项 889 项（省直单位 604 项，中央直属单位在浙机构 285 项）。与此同时，各省级单位在省编办的统筹协调下，积极推进“最多跑一次”改革规范化建设、公共数据的共享开放、政府流程的优化再造、“互联网＋政务服务”的深化推广，以及涉政中介的精简优化。

（二）“最多跑一次”改革总体方案的规范化

规范化是保障改革有序、协调、平稳推进和可持续发展的重要手段。在《实施方案》出台之后，省编办即联合省质监局牵头推进“最多跑一次”事项标准化和规范化工作，制定浙江群众和企业到政府办事“最多跑一次”的地方标准。4 月 20 日，《政务办事“最多跑一次”工作规范》第一部分《总则》（以下简称《总则》）的推荐性省级地方标准在浙江省标准化研究院官网公开，征求社会各界意见。5 月 21 日，《总则》正式发布实施，浙江的政务服务标准化和规范化从此有据可依。同时，该《总则》也是全国首个“最多跑一次”省级地方标准。

《总则》从范围、规范性引用文件、术语和定义、事项范围、工作要求、监管要求、制度建设、咨询服务、网上服务、现场服务、投诉处理、监督检查、评价改进、服务指南编制要求等诸多方面进行了详细规范，建立了一体化的办事规范和办理流程，有助于推进部门间、环节间、系统间的无缝对接、集成办理，让群众和企业办事更加方便。

在“最多跑一次”的定义和事项范围方面，《总则》明确指出：“最多跑一次”是指通过优化办理流程、整合政务资源、融合线上线下、借助新兴手段等方式，群众和企业（自然人、法人和其他组织）到政府办理“一件事情”在申请材料齐全、符合法定受理条件时，从受理申请到作出办理决定、形成办理结果的全过程一次上门或零上门。“最多跑一次”可以分为“网上申请、快递送达”“网上申请、网上办结”“网上申请、现场取件”“现场申请、现场办结”“现场申请、快递送达”等多种情形。同时，“最多跑一次”的事项范围被明确为行政权力清单和公共服务事项目录中的事项。此外，《总则》也明确了两类不宜列入事项清单的行为：一是除法律特别的制度设计外的行政处罚、行政强制等依职权的行政行为，这类行为具有强制性、惩戒性等特点；二是基于一般民事合同关系提供的商业性服务事项，不属于公权力直接干涉范畴。

在规范服务内容方面，《总则》对“最多跑一次”改革提出 8 项工作要求，包括打通办事环节、建立办事规范和办理流程，梳理办事事项、清理无谓证明和烦琐手续，建立五级政务服务体系、实行“一窗受理”等，覆盖了“最多跑一次”改革中要处理、会碰到、该考虑的各种问题。特别是要求制定服务指南方面，《总则》提出“服务窗口可仅提供简版，同时应注明完整版的查询途径和获取方式”，并以附录形式提供服务指南编制的规范性要求。“最多跑一次”改革的最终评判权在群众手中，而服务质量很大程度上影响着群众的办事感受。《总则》从咨询服务、网上服务、现场服务 3 个方面制定了服务质量准则。《总则》还要求各行政服务中心及相关综合窗口应实行一次性告知制度，对群众和企业做出清晰明确答复，并提供相关事项的服务网址、服务指南及其他需要查询的相关服务内容。办理业务中，符合容缺受理制度的事项，应先予受理，并一次性告知需补正的材料、时限和超期处理办法。在网上服务层面，《总则》辟出专章提出要求在网上政务服务平台体系下，积极推行"互联网＋政务服务"。比如，开发受理模块、统一事项编码、建立交换通道，同时植入电子签章，建立电子证照库、电子档案库、公共支付平台及移动端应用，以实现网上预约、网上申请、在线办理、实时查询、民意互动等网上服务，以数据多跑腿换取群众和企业少跑腿甚至不跑腿。在现场服务层面，《总则》明确要求各行政服务中心通过综合受理、流程优化、系统对接、数据共享等措施，采用"前台综合受理、后台分类审批、统一窗口出件"模式，破解办事多头跑、资料反复交、办理时限长等难题。

为了更好地推动改革落地，《总则》对改革的监督评价进行了明确的规定。在监督检查方面，《总则》指出检查方式可采取定期或不定期的抽样检查、抽点检查、定点检查，同时可采用现场巡查、电子监察相结合的方式。在评价改进方面，《总则》提出对改革成效可采用自我评价、群众和企业满意度评价、第三方评价或多方评价相结合等方式开展评价，自我评价宜每季一评，群众和企业满意度评价宜一事一评。《总则》同时要求构建科学有效的"最多跑一次"改革成效评价指标体系，并应从信息公开情况、办理事项动态管理情况、办理流程梳理优化情况、办事效率情况、违规办理情况、投诉、行政复议或行政诉讼情况等维度设置具体的评价指标。

二、公共数据的共享开放

随着技术的进步和社会的发展，数据协同已经成为政府部门协同、流程重构的重要支撑，也是满足社会公共利益的形势所需。因此，政府治理体系和治理能力现代化的实现，应以政府数据治理为基础。而数据治理要义则在于系统性、整体性和协同性，落实到技术层面就是共商、共建、共享。[①] 这就要求推进政府部门信息系统互通和数据资源共享，构建共商共建、统一共享的数据承载平台。面对基础设施建设条块割裂，网络互联互通不畅，业务系统缺乏协同；数据资源开发利用滞后，难以有效共享；标准不统一，信息安全、数据保护存在隐患等痼疾，浙江在“最多跑一次”改革推进过程中，坚持法制保障和实践创新双管齐下，在破解上述深层次矛盾方面取得了显著进展和宝贵经验，同时也为国家实施大数据战略提供了浙江方案。

（一）公共数据共享开放的浙江方案

鉴于数据共享对于优化群众办事“用户体验”的重要作用，浙江在“最多跑一次”改革启动后即着手制定公共数据共享开放的法制化、整体性解决方案。2017 年 2 月，《浙江省公共数据和电子政务管理办法》（以下简称《办法》）由浙江省人民政府第 81 次常务会议审议通过，并于 2017 年 5 月 1 日起施行。该《办法》聚焦浙江实际，围绕破解制约公共数据和电子政务建设的难点、热点、痛点问题作出一系列制度安排，在法律层面进一步规范、促进了“最多跑一次”改革的落实，是国内首个省级层面的公共数据和电子政务管理办法。其主要内容包括：

1. 构建统筹管理体制机制。《办法》规定：县级以上政府应当加强对公共数据和电子政务工作的领导和协调，由省政府办公厅负责

① 参见鲍静、张勇进：《政府部门数据治理：一个亟需回应的基本问题》，载《中国行政管理》2017 年第 4 期。

指导、监督全省公共数据和电子政务管理工作。切实强化规划约束，要求信息化发展、智慧城市建设等相关专项规划加强与公共数据和电子政务规划相衔接；各级行政机关部署电子政务应用时，应当与本地区公共数据和电子政务发展规划相衔接。加强电子政务建设项目的管理，明确由公共数据和电子政务主管部门统一对电子政务项目建设实施初审，作为审批立项、预算批复的条件，从源头上把好项目准入关。

通过理顺管理体制，完善运行机制，上述规定将有助于浙江形成上下连贯、分工明确、协同有效的公共数据和电子政务管理运行体系。

2. 规范公共数据管理使用。《办法》对公共数据获取、归集、共享、开放、应用等各个环节的管理作出了细致的规范：明确公共数据采集遵循合法、必要、适度、知情等原则，做到"一数一源"，对可以通过共享方式获得数据的，不得违规通过其他方式重复采集；明确公共数据统一编目、逐级归集的要求，形成公共数据资源目录，并将目录中的数据归集到公共数据平台，实施人口、法人单位、公共信用等综合数据信息资源库建设；明确公共数据共享为原则，不共享为例外，按无条件共享、受限共享和非共享三类情况，分别确定数据属性及共享实现方式；明确公共数据开放实行目录管理，数据开放应采用公民、法人和其他组织易于获取和加工的方式；明确县级以上政府推动实施有关经济调节、市场监管、社会管理、公共服务和环境保护的大数据示范应用工程，提升政府大数据管理和服务水平。

上述规定将有助于盘活政府部门内部数据，促进数据资源的共享应用，为跨部门、跨层级、跨地区协同办事和综合监管提供数据支撑，充分发挥大数据在政府治理中的价值。

3. 明确电子材料法律效力。《办法》专门就电子申请、电子签名、电子证照、电子归档等作了一系列规定，如：除有法律、法规明确规定外，各级行政机关都应当接受能够识别身份的以电子方式提出的申请，且不得同时要求公民、法人和其他组织履行纸质或者其他形式的双重义务；按照安全规范要求生成的电子签名，与本人到场签名具有同等效力，可以作为法定办事依据和归档材料；各级行政机关使用电子印章系统，向公民、法人和其他组织发放电子证照的，电子证照与纸质证照具有同等法律效力；各级行政机关可以单独采用电子文件归档形式。由此，通过明确电子政务行为的法律效力，可以有效打消基层政府和群众的办事疑虑，让“最多跑一次”改革在技术上可行、在法律上有效。

另外，针对办事过程中“证明多、证明难”的突出问题，《办法》规定可以通过公共数据平台提取、确认证明材料的，行政机关不再另行要求申请人提供内容相同的证明文件。这些规定将积极推动政府的业务办理从纸质流转转型升级为电子流转，促进办事减材料、减环节，让群众办事更方便、更省心。

4. 推进电子政务集约建设。《办法》要求对电子政务网络、政务云平台、公共数据平台和容灾备份中心等建设实行统一规划；明确各级行政机关不得新建业务专网，已有业务专网经合理分类后并入电子政务网络；公共数据平台由县级以上政府建立，其他各级行政机关不得新建、扩建、改建独立的数据中心。同时，《办法》强调统筹建设一体化网上政务服务平台，各级政府按照浙江政务服务网的规范要求建立网上政务服务体系，并延伸至乡镇（街道办事处）、行政村（社区）。

这些规定将从制度上改变以往政府信息化建设“村村点火、户户冒烟”的乱象，进一步增强电子政务基础设施和公共平台的集约化水平。

（二）公共数据共享开放的省级实践

在《办法》的推动下，浙江公共数据共享开放的范围不断扩大，水平不断提升。一方面，省级公共数据共享清单制定出台。2016 年以来，浙江省数据管理中心先后开展两轮省级公共数据归集工作，制定了省级政府信息资源目录，并逐一标注数据共享开放属性。2017 年 3 月初，省政府办公厅公布了第一批《省级公共数据共享清单》，向全省各级政府机关、行政服务中心开放 29 个省级部门 2600 余个公共数据项的共享权限，涵盖了全省人口、法人基础信息和社保、民政等相关数据，以及部分专业资格证书、资质证照、信用信息。2017 年 5 月，省政府办公厅公布了第二批《省级公共数据共享清单》，编录了 28 家省级单位的 1146 个数据项，包括法院判决和失信信息、国税纳税稽查信息、省电力公司欠费信息等数据。在此基础上，截至 2017 年 8 月初，浙江已完成 198 个数据共享接口开发，满足了 25 个省级部门、10 个市 53 个部门、30 个县（市、区）171 个部门提出的 3972 项数据共享请求。全省各地共调用数据接口 63.9 万次，一定程度上缓解了窗口工作人员数据重复录入的问题。另一方面，“一窗受理”信息平台初步建成。针对政务服务部门联办所要求的系统对接、数据互通，浙江在公布省级公共数据共享清单之外，还新建了“一窗受理”信息平台。该平台以浙江政务服务网为依托，部署在云上，分为业务共享云平台和“一窗受理”云平台两部分。其中，省级部门自建业务专网采用接口直连的方式与业务共享云平台对接，实现业务数据实时接收与反馈；“一窗受理”云平台由各设区市负责建设，部署于省政府专有云，不仅连接本市各部门自建垂直管理系统，而且向上与业务共享云平台对接，向下与所辖县（市、区）系统对接。截至 2017 年 7 月底，市、县行政服务中心“一窗受理”信息平台均已建设完成，正抓紧开展运行调试。

三、政府流程的优化再造

流程是政府管理的基石，业务流程的优化再造是电子政务环境下实现政府变革的可行方法，[①] 对解决群众和企业到政府办事来回跑、重复跑、跑多次具有重要意义。在“最多跑一次”改革推进过程中，浙江市、县、乡三级政府把行政服务中心“一窗受理、集成服务”改造作为改革的牛鼻子，进行重点突破。而实现“一窗受理、集成服务”的重要前提在于部门间规章制度的对接和流程整合，这就需要省级层面在统筹考虑的基础上明确办事标准、衔接管理制度、重构办事流程。在这方面，浙江既从整体上设计并规范“一窗受理、集成服务”的工作要求，又在不动产登记、市场准入、企业投资项目等涉及多部门多环节的领域进行重点突破。

（一）“一窗受理、集成服务”的总体要求

1.“一窗受理、集成服务”改革的提出。为了加快推进“最多跑一次”改革，满足群众和企业办事需要、改善群众和企业办事体验，浙江省“最多跑一次”改革专题组于 2017 年 3 月 14 日印发了《关于全面推进行政服务中心“一窗受理、集成服务”改革工作的通知》（以下简称《通知》），正式提出在市、县两级行政服务中心推行“一窗受理、集成服务”改革。

根据《通知》，“一窗受理、集成服务”改革的总体要求为在行

---

① 参见翟云：《“互联网＋政务”：现实挑战、思维变革及推进路径》，载《行政管理改革》2016 年第 3 期。

政服务中心探索推行“前台综合受理、后台分类审批、统一窗口出件”的政务服务新模式，加快政务服务由政府部门自行受理向行政服务中心“一窗受理、按责转办、限时办结、统一督办、评价反馈”转变，实现政务服务流程全面优化、服务效率大幅提升、人民群众改革获得感显著增强。

实现“前台综合受理”是“一窗受理、集成服务”改革的重点。《通知》提出，应科学设置“综合受理窗口”。具体而言，各地要综合考虑办理事项领域、办理流程关联度、办理数量多少等因素，现阶段应设立投资项目审批、商事登记、不动产交易登记、医保社保、公安服务等方面“综合受理窗口”，并根据运行情况进行动态调整。对于一些年办件量少、与其他事项关联度低的办理事项，可以设置“其他综合事务窗口”。对于部分办理量大、办理频度高的即办件，可以保留若干部门“即办窗口”。

同时，《通知》也把制定公布标准化、规范化的办事指南作为改革的主要任务，并指出各地要充分吸收行政审批和政务服务标准化试点工作成果，制定公布标准化、规范化的办事指南，为群众和企业办事提供明确清晰的指引。重点规范申请主体、办理条件、申报材料、办理流程、办理时限等要素，彻底取消不必要的申报材料、“奇葩证明”，消除“×××等材料”“法律法规规定的其他材料”等模糊性表述和兜底条款。这一改革任务直击群众和企业办事所需材料多、证明多的“痛点”，对于清理取消各类“奇葩证明”和烦琐手续，精简取消不合法、不合理，以及以规避部门责任为主要目的的各种证明、佐证材料具有重要意义，从而直接加快了群众和企业实现办事“最多跑一次”的步伐。

此外，《通知》还提出建立健全配套制度体系，推进“互联网＋政务服务”，以及加快推进“一窗受理、集成服务”改革向乡镇（街道）、村（社区）延伸等改革任务，并强调要加强组织领导、协调配合和督查考核，确保行政服务中心“一窗受理、集成服务”改革工作落到实处。

2.“一窗受理、集成服务”的工作规范。在“一窗受理、集成服务”改革全面推开的基础上，针对行政服务中心窗口设置不统一、工作流程不明确等问题，浙江于 2017 年 6 月 28 日发布实施了《政务办事“最多跑一次”工作规范》第二部分《一窗受理、集成服务》（以下简称《工作规范》）。作为全国首个“一窗受理、集成服务”省级地方标准，《工作规范》由八个部分构成，主要规定了“一窗受理、集成服务”的窗口设置、工作流程和管理要求等内容。

在窗口设置方面，《工作规范》指出，应设立投资项目审批、商事登记、社会事务、公安服务、不动产交易登记、医保社保事务、公积金服务等方面“综合窗口”，年办件量少、与其他事项关联度低或季节性办理的其他事项，设立“其他综合事务窗口”，而部分办理量大、办理频度高与其他事项无关联度的即办件或受理专业性强的事项，根据需要设立“专业窗口”，从而明确了“一窗受理”不是简单机械地设置一个受理窗口，而应以“用户导向”为原则进行科学设置。

在工作流程方面，《工作规范》对“前台综合受理、后台分类审批、统一窗口出件”的模式进一步作出了细化规定。在前台综合受理环节，《工作规范》指出，综合窗口对现场提交的申请材料完整性进行审查，符合受理条件的应当场予以接收；符合容缺受理条件的，应要求群众和企业作出容缺受理承诺；申请材料不齐全或者不符合法定形式的，可当场出具材料补齐补正通知。在后台审批环节，《工作规范》指出，业务部门应及时对涉及本部门受理材料的合法性、规范性进行审核，并在规定时限内依法作出处理决定。针对全流程网上办理的事项，《工作规范》明确业务部门接到电子材料后，应在规定时限内办结。在统一出件环节，针对自取和寄送两种方式，《工作规范》分别要求"群众和企业通过窗口自取，应由综合窗口核对相关信息后发放办理结果文书或证件，并按要求办理交接签收"，"通过邮寄方式送达的，应由综合窗口委托邮政窗口寄件送达，业务部门不得寄送"。

在管理要求方面，《工作规范》对业务部门、行政服务中心、综合窗口、工作人员四个方面主体都进行了详细规范。针对业务部门，要求制定相关业务板块所涉事项服务指南，并负责向综合窗口提供业务支持及专业咨询解答；针对行政服务中心，要求建立日常争议解决机制及受理业务规范定期协调机制，并应提供导办服务、咨询服务、预约服务及延时服务；针对综合窗口，要求开展无差别受理服务、统一出件工作；针对工作人员，要求其在提供服务时语言文明、态度热情，细致周到、操作规范。

(二) 涉及多部门多环节"一件事"流程的优化再造

通过流程的优化再造实现涉及多部门多环节的事项全过程"最多跑一次"是改革的难点和重点，也是提升群众获得感的关键。在这方面，浙江聚焦不动产登记、市场准入、企业投资项目等办件量大、社会关注度高的关键事项进行重点突破。

1. 不动产登记"一件事"的流程优化再造。不动产登记包含了交易、登记和缴税三个环节，分别由建设、国土和地税部门办理，是浙江涉及多部门多环节的事项中办件量最大的。在"最多跑一次"改革推进过程中，不动产登记被列为重点突破领域，由省国土资源厅会同省建设厅、省地税局协同推进不动产登记"最多跑一次"。2017 年 3 月 22 日，省国土资源厅与省建设厅、省地税局联合印发了

《关于协同推进全省不动产登记“最多跑一次”工作的通知》(以下简称《不动产登记的通知》),提出从统一窗口受理、优化税费收缴、实行并联办理、互认办理结果、统一公布时限、实现信息共享、分别进行存档、明确各方责任、共同遵守承诺9个方面入手优化办理流程,实现不动产登记全业务、全过程“最多跑一次”。

在优化流程方面,《不动产登记的通知》要求,调整优化现有窗口设置,设立房屋交易与不动产登记窗口,统一受理房屋交易、税收申报和不动产登记事项,由一个窗口具体负责一次性收取房屋交易、税收申报和不动产登记所需全部材料。同时,以交易、税收、登记所需的申报材料为基础,按照不缺、不漏原则,制作统一的申报材料目录并对外公布;对依法需要缴纳交易、登记相关费用的,在受理环节即时预缴相关费用或者开通网上支付平台实现网上支付。对依法需要缴纳相关税收的,由窗口受理后将信息后台送达税务部门进行申报纳税;窗口统一受理后对申报材料进行分类,分别送达各个部门进行办理,交易、税务、登记部门后台办理从串联办理改为并联同步办理。

《不动产登记的通知》强调,三部门要互认办理结果,交易、税务部门完成交易、税款征收后,应当将结果及时反馈给登记部门,便于登记部门管理。登记部门完成登记后,也应当将相关登记信息及时反馈给交易、税务部门,便于交易、税务部门管理。按照后台并联办理原则,由三部门在不动产登记法定时限内共同商议各自办理时限,但交易、税务部门的办理时限应当设定在登记注册登簿前,对外承诺时限应当统一公布后期完成的登记办理时限;三部门应当按照信息共享相关规定,研究制定信息交换方法,升级改造各自信息系统,尽快实现交易、税收、登记信息自动交换和实时共享;三部门按照各自规定对需要存档的申报材料、审核材料及办理结果等分别进行存档；三部门应当依法确定各自办事事项，简化各自办事流程，提高各自办事效率；交易、税收、登记全过程"最多跑一次"统一设在窗口受理确认环节，在其他任何环节都不能要求申请人再跑一次。

在这一通知的推动下，浙江全省已全面实现不动产登记全业务、全过程的"最多跑一次"。群众办理"二手房"交易过户正常情况下不超过 50 分钟即可办结，极大地增强了群众的改革获得感。

2. 市场准入领域"一件事"的流程优化再造。以往企业商事登记涉及工商（市场监管）、公安、人力社保、住建、商务、文化、交通、旅游等诸多部门。企业在办理营业执照之后，仍然无法进行生产经营，还必须取得各类许可证，跑多次的问题十分突出。针对这种情况，企业商事登记在《加快推进"最多跑一次"改革实施方案》中被列为重点突破领域，并由省工商局牵头推进企业"多证合一、一照一码"改革。

在前期探索实施企业和农民专业合作社"五证合一、一照一码"、个体工商户"两证整合"的基础上，2017 年 6 月 16 日，浙江省人民政府办公厅正式印发《关于加快推进"多证合一、一照一码"改革的通知》（以下简称《改革通知》），要求将涉及企业（包括个体工商户、农民专业合作社）登记、备案等有关事项和各类证照进一步整合到营业执照上，从 2017 年 7 月 1 日起在全省范围内实行"多证合一、一照一码"改革，从而通过更大范围、更深层次的政府部门间证照整合、业务协同和信息共享，加快推进从"每个部门最多跑一次"转向"每件事最多跑一次"，达到"一事、一窗、一次"的改革效果。

针对证照整合的方式，《改革通知》提出建立"1＋X"动态清单。清单由"1"和"X"两部分组成。"1"即已经整合的营业执照、组织机构代码证、税务登记证、社会保险登记证、统计登记证；“×”即五证之外，政府部门信息采集、记载公示、管理备查类涉企证照，以及工商登记信息能够满足其管理需要的涉企证照。同时，清单实行动态化管理，先行推进第一批 11 项“多证合一、一照一码”改革，包括保安服务公司设立分公司备案、大学生创业企业认定备案、房地产经纪机构及其分支机构备案、住房公积金缴存登记、再生资源回收经营者备案、从事艺术品经营单位备案等 11 项事项。

此外，《改革通知》还提出了三个方面的改革配套举措：一是推行点单式服务，即实行“一套材料、一表登记、一窗受理、一份证照”，申请人办理涉企证照时根据需要在清单里点单，填写一份表格，向一个窗口提交一套材料，核发加载统一社会信用代码、加盖工商（市场监管）部门公章的纸质营业执照，同时免费发放电子营业执照。二是推进部门间信息互认共享，依托浙江政务服务网信息交换共享平台，以统一社会信用代码为唯一标识，通过浙江政务服务网实现企业相关信息的互通互认、共享共用。三是推进“多证合一、一照一码”营业执照广泛应用，即在区域内、行业内的广泛应用“多证合一、一照一码”营业执照，使营业执照成为企业唯一身份证，使统一社会信用代码成为企业唯一身份代码，实现企业“一照一码走天下”。

3. 企业投资项目领域“一件事”的流程优化再造。企业投资项目审批的便捷性和时效性对地区经济发展具有重大的影响。正因为如此，破解企业投资项目审批部门多、流程繁、周期长、费用高等问题便成为“最多跑一次”改革的重点和难点。2017 年 7 月 18 日，浙江省人民政府办公厅正式出台《关于加快推进企业投资项目“最多跑一次”改革的实施意见》（以下简称《实施意见》），提出全面推广应用“一口受理、在线咨询、网上办理、代办服务、快递送达”办理模式，推动实体办事大厅与投资项目审批监管平台线上线下融合发展，到2017年底前实现企业投资项目开工前审批全流程、多层级、多部门"最多跑一次"改革目标，全面提升项目建设、竣工验收等事中事后监管服务阶段工作效率。

为了确保改革目标如期实现，《实施意见》列出了八大重点任务，包括：加快建设浙江政务服务网投资项目在线审批监管平台，大力推进企业投资项目承诺制改革，加快推进项目审批标准化及简化优化工作，积极开展项目联合测绘、联合踏勘、联合验收，深入推进涉政中介机构改革，规范完善企业投资项目代办制度，加强社会信用体系建设，制定企业投资项目"最多跑一次"负面清单。在此基础上，八大重点任务被细化为21项工作任务，进一步明确了责任单位、牵头部门和完成时间。概括而言，《实施意见》主要明晰了企业投资项目审批改革的四条路径：

（1）推进审批事项简化和标准化。例如，在省级以上经济技术开发区（高新区）、产业集聚区、园区、特色小镇，大力推行以准入标准替代审批的企业承诺制，推动企业投资项目管理重心由事前审批向加强事中事后监管服务转变，建立以政策性条件引导、企业信用承诺、监管有效约束为核心的新型企业投资项目管理模式。此外，《实施意见》还要求制定全省相对统一的企业投资项目审批事项标准化清单、办事指南及通用格式文本。

（2）推进项目审批流程集成式优化。《实施意见》指出，要落实"一个部门牵头、多个部门集成服务"的工作机制，以系统合力推进改革，从而有助于实现企业投资项目审批流程内部化、并联化、协同化。同时，针对企业投资项目审批过程中的中介服务，《实施意见》提出加快培育具有多种资质的综合性全能型中介机构或中介机构联合体，并应开展项目联合测绘、联合踏勘、联合验收。

（3）推进以数据跑路代替企业跑腿。《实施意见》提出按照好用、管用、共用原则，加快打造省市县纵向一体化、横向协同化的浙江政务服务网投资项目在线审批监管平台。打破各地、各部门涉及企业投资项目核准备案、报建等事项的信息孤岛，实现与浙江政务服务网的实时互通。加快建设数据共享平台，实现证照批文、材料等数据共享。

（4）破除制约企业投资项目“最多跑一次”改革的制度障碍。《实施意见》要求推进桐庐县“最多跑一次”改革与法律法规衔接绿色通道试点，缩短改革与立法之间的反应时效。推动企业投资项目管理地方性法规立法工作，从而有助于将企业投资项目“最多跑一次”改革的实践经验转化为法规制度加以推广。

四、涉政中介的精简优化

就企业审批类事项而言，政府审批只是整个审批链条的一个环节，政府审批环节实现“最多跑一次”并不等于整个审批事项实现“最多跑一次”。在各级政府优化再造审批流程、提高办事效率的情况下，目前涉政中介服务已成为制约整个审批事项实现“最多跑一次”的“绊脚石”，部分涉政中介服务定位不清、耗时长、收费乱、服务态度差等问题严重影响了企业获得感的提升。针对这一问题，浙江在优化再造政府审批流程的同时，协调推进涉政中介的精简和优化。

（一）推进涉政中介服务“多审合一”

涉政中介机构业务分割、多头审查、标准不一是导致中介服务名目繁多、价高时长的深层次原因，这一问题在施工图审查中体现得尤为突出。为了解决这一痼疾，浙江省建设厅联合省发改、公安、财政、人防、物价、档案和数据管理中心 7 个部门和单位，于 2017 年 4 月 28 日下发了《关于贯彻落实"最多跑一次"改革决策部署全面推进施工图联合审查的实施意见》（以下简称《施工图联合审查实施意见》），全面启动了施工图联合审查改革工作。

《施工图联合审查实施意见》提出，按照"统一标准、集中服务、结果互认、依法监管"的思路，依托"互联网＋图审"，大力整合建设、人防和消防等相关部门施工图审查环节，切实健全事中事后监管机制，进一步提升施工图审查服务效率并落实勘察设计质量把关功能，深化行政审批制度改革，显著增强群众和企业对改革的获得感，到 2017 年三季度基本实现群众和企业办理施工图审查事项"最多跑一次是原则、跑多次是例外"的要求。

在这一改革思想的指导下，《施工图联合审查实施意见》提出了四大工作目标和五大工作举措。四大工作目标，即全面推行以政府购买服务的方式实施施工图审查；全面建立一个机构集中服务、各部门依据职权分工监管的施工图审查管理体制；全面实现基于全省政务云施工图电子图审平台的网上办理和技术服务；全面提升施工图审查效率和审查质量。五大工作举措包括了整合施工图审查机构、实行政府购买服务、推进网上电子图审、提升施工图审查效率、加强图审质量监管。

总体而言，《施工图联合审查实施意见》所提出的改革路径，是通过政府购买服务，将技术审查工作集中到一个综合性图审机构，实现技术审查与行政管理相分离。具体的实施方法，就是依托"互联网＋图审"，整合形成具备房屋建筑和市政基础设施、人防和消防技术审查能力的综合性施工图审查机构，把原来各部门各自为政的审查模式，调整为由一个机构通过内循环自我协调后向群众和企业提出审查意见。概括起来，施工图联合审查改革的核心内涵为“统一标准、集中服务、结果互认、依法监管”。通过改革，施工图审查意见将会更科学、更合理、更快捷、更具可操作性，同时将有助于降低企业成本。

根据《施工图联合审查实施意见》所提出的改革路径，浙江通过整合原有具备房屋建筑和市政基础设施、人防和消防技术审查能力的中介机构，形成了46家综合性图审机构，并且将全部综合性图审机构整改转型为非营利性机构，以确保图审技术人员严把技术责任关。在此基础上，浙江进一步优化施工图审查流程，实行统一审查、按专业分别出具审查报告，审查报告则通过浙江政务服务网报送建设、人防和消防等部门，作为其实施行政许可的技术依据。这种集成式网上智慧送审模式显著提升了图审效率，使一般项目的图审时间从55天压缩到20天以内，并且由于其全程网上留痕，有助于监管部门建立施工图电子图库，实现工程建设全过程的网络监管，从而提升工程质量安全。

（二）推行区域环评和能评改革

企业投资项目审批是个系统性工程，存在流程多、前置条件复杂、时耗长等诸多痛点、堵点。其中，环评、能评便是企业投资项目前置审批的重要部分，由于审批手续繁杂、办理周期冗长、收费不合理，企业对此多有诟病。围绕“放管服”和“最多跑一次”改革的要求，浙江在2017年6月和7月相继出台了《浙江省人民政府办公厅关于全面推行“区域环评＋环境标准”改革的指导意见》（以下简称《区域环评改革指导意见》）和《浙江省人民政府办公厅关于全面推行“区域能评＋区块能耗标准”改革的指导意见》（以下简称《区域能评改革指导意见》）。

区域环评和能评改革，主要是通过编制区域的环评规划和节能报告、制定区域统一的项目准入标准和区域负面清单、精简审批环节、落实承诺备案管理、强化监管等举措，实现更大幅度的"放"和更加精准的"管"，从而既进一步提升企业投资项目审批效率、激发企业活力，同时又实现对生态环境的精准管控。

在环评改革方面，根据《区域环评改革指导意见》，从 2017 年 6 月起，浙江省级特色小镇和省级及以上各类开发区、产业聚集区等特定区域，将全部采用"区域环评＋环境标准"模式创新环评审批验收管理方式。这一改革的基本思路是综合当地的经济发展、土地利用、生态环境保护等规划，在某个区域范围内实施统一的环境影响评价，制定区域统一的项目准入环境标准，以取代项目独立环评。此次改革中，浙江将根据项目建设对环境影响的程度推行免于环评手续、网上在线备案、降低环评等级、精简环评内容、承诺备案管理、创新环保"三同时"管理六项改革措施。环评审批简化后，强化事中事后监管，也成为改革的重点之一。《区域环评改革指导意见》提出，按照"双随机、一公开"的要求，加大对环评承诺备案项目的抽查比例和力度，将排污许可证、许可事项和管理要求落实情况作为检查重点，建立完善以排污许可证制度为核心的执法监管模式，依法对企业不按排污许可证排污的行为进行严厉处罚，直至吊销排污许可证。

在能评改革方面，根据《区域能评改革指导意见》，"区域能评＋区块能耗标准"改革的范围包括：地理空间确定、产业定位明晰、能源"双控"目标落实、监管能力保证的高新区、产业集聚区、工业园区、开发区、杭州城西科创大走廊和省级特色小镇等区域。这一改革的基本做法是在全面分析区域用能现状的基础上，提出一个时期内，本区域能源消费强度、用能总量和煤炭消费总量等控制目标，明确与本区域产业规划相适应的节能措施和能效标准，编制区域节能报告，制定区域节能审查负面清单，实行分类管理，依法开展全过程监管，以取代项目独立能评，从而探索出一条既完成能源“双控”目标任务，又实现节能审查高效审批的新途径。为了确保改革目标的实现，《区域能评改革指导意见》提出了编制区域节能报告、制定区域负面清单、实行分类管理、建立全过程监管模式四项工作重点，以及加强组织领导、落实工作职责、强化政策保障、严格责任追究四项保障措施。

五、“互联网＋政务服务”的深化推广

依靠信息技术和大数据的挖掘运用推动治理智能化，是治理现代化和治理创新重要的国际潮流。[①] 习近平总书记也明确指出：“要以信息化推进国家治理体系和治理能力现代化，统筹发展电子政务。”[②] 浙江在深化“放管服”改革时，尤其在推进“最多跑一次”过程中，积极顺应这一潮流，不断深化推广“互联网＋政务服务”，构建方便快捷、优质高效的网上政务服务体系。

(一) 深化推广“互联网＋政务服务”的浙江方案

为了更好地通过网络为公众提供“一站式”服务，助力“最多跑一次”，浙江省人民政府办公厅于 2017 年 3 月 20 日正式印发《浙江省深化“互联网＋政务服务”工作方案的通知》（以下简称《工作

---

① 参见何增科：《地方治理创新与地方治理现代化——以广东省为例》，载《公共管理学报》2017 年第 2 期。

② 习近平：《在网络安全和信息化工作座谈会上的讲话》，载《人民日报》2016 年 4 月 26 日。

方案》)。

《工作方案》明确浙江要以“最多跑一次”改革为重要切入点和突破口，不断完善建设集约、服务集聚、数据集中、管理集成的浙江政务服务网，打造全天候在线的智慧政府，全面推动行政权力网上高效规范运行，构建网上服务与线下服务相结合的一体化新型政务服务体系，促进政府治理现代化，让广大人民群众在共享“互联网＋政务服务”发展成果上有更多获得感。

《工作方案》提出到 2017 年底前，形成较为完整、规范的统一政务服务事项库，覆盖省市县（区）乡（镇）村（社区）五级的统一网上政务服务平台基本建成，行政流程优化全面推进，基本实现群众和企业到政府办事“最多跑一次是原则、跑多次是例外”的要求。到 2020 年，实现互联网与政务服务深度融合，各级各部门政务服务事项基本实现线上办理，群众和企业到政府办事“零上门”事项超过 50％。

为了确保上述工作目标如期实现，《工作方案》列出了三个方面的主要任务及其工作举措：

1. 在推动政务服务事项网上办理方面，《工作方案》要求建设政务服务事项库、简化优化政务服务流程、推进行政审批“一站式”网上运行、推行网上并联审批、拓展网上便民服务功能等。重点措施包括，到 2017 年底前，基本建成全省统一、规范的政务服务事项库；推广政务服务“网上申请、快递送达”和“信任在先、办结核验”办事模式，以及电子证照、电子文件和电子印章的应用；在教育、医疗、社保、户籍、养老、住房、交通等民生领域推进网上公共服务应用开发，实现各类服务事项网上查询、网上申请、网上办理、网上反馈等。

2. 在推动平台升级融合方面，《工作方案》提出整合网上政务服务平台、建设一体化移动政务服务平台、推动网上网下政务服务体系创新融合、推进政务服务网向基层延伸、建立网上协同治理体系等。重点措施包括：到 2018 年底，完成全省政府网站整合到省或设区市平台；推进实体政务大厅向网上延伸，推行网上预约、网上评价、网上支付、自助终端办理；深化浙江政务服务网乡镇（街道）、村（社区）服务站点建设。到 2017 年底前实现浙江政务服务网基层服务站点全覆盖；推进统一权力运行系统向基层延伸，加强与劳动就业、社会保险、社会救助、卫生计生等信息系统的深度融合，推广政务服务跨级联办、异地通办、网上代办。

3. 在夯实政务服务网支撑保障体系方面，《工作方案》要求强化“互联网＋政务服务”技术支撑、深化公共数据整合共享和开放、基于数据共享推进应用创新。主要措施包括建立重要数据资源和信息系统的安全防护体系；建成省、市、县（市、区）纵向全贯通、横向全覆盖的公共数据共享交换体系；加快构建全省统一标准的电子证照信息库，逐步推进各类审批业务系统、制证系统与电子证照库对接联通等；通过浙江政务服务网等载体，为全社会无偿提供公共性、定制化的公共信用信息查询服务。

（二）深化推广“互联网＋政务服务”的省级实践

根据《工作方案》的工作目标和时间节点要求，浙江各省级部门在政务服务提供过程中加大各种互联网技术的运用力度，进一步探索“互联网＋政务服务”新模式，让“最多跑一次”改革更加有效落地。

首先，拓展政务服务网便民服务功能。浙江通过政务服务网全口径汇聚网上服务资源，推出婚育、教育、纳税、就医等 15 类 400 余项网上便民服务，同时搭建全省一体化的移动端应用汇聚平台，推出预约诊疗挂号、交通事故违章处理、个人社保公积金查询、房屋权属证明等 70 余项热点服务。此外，推进建设全省统一的公共支付平台，截至 2017 年 1 月已累计为 750 万人次提供网上交通违章罚款、执业考试报名缴费、学费和社保费服务。

其次，创新业务运行流程。依托政务服务网，浙江积极运用"互联网＋"思维和手段推动政务服务流程优化再造，推行"网上申报、信任在先、办结核验"和全流程网上办事模式，并全面推广证照网上申请、快递送达工作。截至 2017 年 1 月，适宜上网的 729 项省级审批服务事项中，实现四星级（即"网上申报、信任在先、办结核验"）和五星级（即"网上申报、全程在线、办结取件"）网上办理模式的比例已达到 70％。其中，省建设厅通过推行建筑企业资质智能化审批新模式试点，实现了申报零材料、受理零窗口、办件零人工、领证零上门、归档零纸件。

再次，完善配套支撑体系。一方面，浙江积极构建电子文件归档工作机制，将政府部门产生的数量庞大的电子文件直接存档，倒逼行政审批受理材料电子化和申报在线化，通过全链路数据跑腿，让更多办事事项从"最多跑一次"到"一次不用跑"。截至 2017 年 4 月，已有 31 个省级部门建立行政审批电子文件归档工作机制，累计完成 6 万余件审批卷宗电子归档。另一方面，浙江不断深化政务服务网行政权力运行系统的开发和应用，专门组织自建信息系统的省级部门现场集中办公，协力解决开发标准不一、数据结构相异等技术问题，推动更多行政权力、公共服务事项的网上运行，从而实现在线操作材料收取、数据流转、交接审批、电子签章等功能。

最后，调整管理运行机制。在管理机制方面，浙江组建省数据管理中心，建立电子政务项目审核机制，强化对"互联网＋政务服务"工作的统筹规划和顶层设计。在运行机制方面，浙江颁布《浙江省公共数据和电子政务管理办法》，制定出台政务云平台、信息资源共享管理等规范性文件，强化各级政府推行网上服务、促进数据共享开放的义务，并进一步明确了电子签名、电子证照、电子文件等的法律效力。

第五章　典型经验：“最多跑一次”改革的创新实践

“最多跑一次”改革既要注重顶层设计，又要重视各地的自主创新。在浙江省委、省政府的统一部署下，各地党政领导高度重视这项重大改革，大胆地试，大胆地闯，创造了许多宝贵经验。这些经验经过检验后上升为省级决策，推动实践向更深层次发展。正是上下联动和多方合作，“最多跑一次”改革才能不断取得新的进展。

一、衢州“一窗受理、集成服务”改革

2016年9月20日，衢州市在全省率先开展“一窗受理、集成服务”改革试点。2017年以来，衢州市按照省委、省政府提出的“最多跑一次”改革的目标和理念创新行政审批模式，先后出台了《衢州市行政审批“一窗受理、集成服务”改革实施细则》《衢州市投资项目审批“一窗受理、集成服务”实施细则》《衢州市商事登记“一窗受理、集成服务”实施细则（试行）》《衢州市区房屋交易与不动产登记“一窗受理、集成服务”实施细则（试行）》《衢州市其他综合事务“一窗受理、集成服务”实施细则（试行）》《衢州市公安服务“一窗受理、集成服务”实施细则（试行）》《衢州市住房公积金管理中心“一窗受理、一次办结”实施细则》等一系列改革文件，

并依托浙江政务服务网，以受理和审批进一步分离为原则，将投资项目审批、企业注册登记、不动产交易登记、非常驻部门审批窗口所涉审批事项的受理职能全面委托（授权）给行政服务中心，由行政服务中心组建综合窗口，按“前台综合受理、后台分类审批、统一窗口出件”的模式进行运行。截至2017年6月15日，进驻衢州市行政服务中心事项共833项，其中696项实现“最多跑一次”，占比84%；纳入一窗受理611项，占比73%。中心共受理“一窗受理”事项27.87万件，其中即办件19.74万件，即办率达70.83%。从总体来看，衢州市“一窗受理、集成服务”模式主要是以市行政服务中心为依托，强化部门资源整合、公共数据共享和服务配套升级。其主要经验和成效如下：

（一）推动部门资源整合，实现审批服务“一窗化”

对现有的行政审批和服务事项进行彻底的梳理分析以确定“最多跑一次”事项，并以此为基础全面重新整合原有部门和机构的工作职责和人力资源，优化职责分工和窗口设置，这是实现“一窗受理、集成服务”的首要前提。

1. 全面梳理权力事项清单。从2017年1月开始，衢州就着手谋划、部署“最多跑一次”“一窗受理”扩容事项清单梳理工作，并成立事项梳理组，对全市1090个行政权力事项进行逐项核对和分析研究，涉及职能部门43个。按照“能进尽进”的原则，经梳理汇总确认共有611个事项纳入市行政服务中心“一窗受理”范畴。与此同时，市行政服务中心与相应审批部门签订授权书，统一授权中心综合窗口受理，初步实现了受理与审批相分离。

2. 精简规范受理材料清单。根据改革要求，市行政服务中心联合35个相关市级职能部门，对833个进驻行政服务中心事项办理所需的资料进行全面梳理，形成了《"一窗受理"事项标准化办事指南》，明确规范了事项办理的名称、要求、材料份数、类别、是否需要原件、是否可容缺办理等要素，制作形成简单明了的办事指南供办事群众查阅，并将电子版同步发布到网上。这一指南不仅能够对群众和企业进行一次性告知，也能够成为行政服务中心前台受理人员和后台审批人员的工作规范。经实际测算，平均减少群众材料提交 3 份。过去因窗口办事人员答复不一导致群众多次跑的状况基本消除。

3. 整合人员实现一窗受理。根据改革需要，市行政服务中心向衢州市编办申请增加了 25 个编外人员以充实人员队伍。经过统一公开招考和集中强化培训，新进人员全面掌握了有关板块的综合受理业务。经过整合，企业注册登记及后置审批、投资项目审批、不动产交易登记、公安服务、公积金业务和其他综合事务六大板块所涉及的 31 个部门的受理人员从原有的 200 多人整编为 62 人，其他即办类事项交由各个部门保留的专窗工作人员受理，这样就形成了"综合窗口＋专门窗口"的受理体系。通过综合窗口"一窗受理"，群众和企业办事平均少跑 3 个窗口，提交材料份数也大为减少。

（二）深化"互联网＋"应用，实现审批服务"一网通"

让系统连接起来、数据跑起来是实现"一窗受理、集成服务"的关键问题。通过不断深化"互联网＋"应用，并与软件开发公司深度合作，市行政服务中心智慧化平台建设取得了明显的进展。

1. 开发市县一体的综合受理平台。以浙江政务服务网为依托，衢州市按照市县一体的思路，先后开发完成了"一窗式"综合受理平台、投资项目和企业注册登记联合在线审批平台，实现投资项目、企业注册与后置审批等窗口统一使用综合受理平台进行综合受理。

目前这套系统已经向基层行政服务中心延伸，各县（市、区）通过内部局域网连接都能够实现利用一个平台进行综合受理。此外，衢州已经开发完成浙江政务服务 APP 衢州站点，建成了移动网上办事大厅，逐步扩大网上审批事项范围，服务对象均可以通过移动终端实现随时随地可查询、可预约、可办理。

2. 建设信息化数据共享平台。针对材料重复提交、时效性差等问题，衢州市重点开发电子证照库、全市非涉密投资项目、不动产交易登记共享、企业注册登记联合审批等平台，通过电子化管理各类证明材料，推动政府行政成本和群众办事成本下降。其中，电子证照库平台通过提供数字证照的生成、管理、共享服务，满足了部门窗口审批过程中的证照管理、真实性鉴别、信息共享等需求。投资项目在线审批监管平台实现了全市非涉密投资项目的平台受理、在线办理、限时办结、信息共享、全程监察。不动产交易登记共享平台则推动了跨部门间的不动产交易和登记信息的数据共享，为不动产事项联办提供了技术支撑；企业注册登记联合审批平台通过浙江政务服务网与法人库对接，实现了“先照后证”企业登记信息的及时发送，由相关审批部门认领，并依法开展行政审批及后续工作。

3. 打通数据资料上传下达系统。在省数据管理中心及相关省级部门的大力支持下，衢州市已经实现了市级审批平台与 10 多个省级自建系统数据库的互联互通，能够进行法人库、人口库、公共信用信息平台等基础数据库与政务网实时交换共享，审批部门可以直接向省数据管理中心申请调取户籍、社保、婚姻登记、国地税、不动产登记等数据以及金融系统的相关信息。通过上传下达系统数据的联通，群众办事的申请材料平均减少 10 份以上，而像公积金贷款等业务的办理只需要身份证和购房资料，真正实现了“无证明办理”。

（三）优化集成服务配套，实现审批服务“一站办”

如何更加优化服务环境，强化服务配套措施是提升老百姓“一窗受理、集成服务”办事体验的有效途径。对此,衢州市行政服务中心对服务大厅的区块布局、内部环境、服务配套等进行了科学统一规划,努力做到让百姓更加舒心、更有获得感。

1. 对服务大厅科学布局优化环境。市行政服务中心按照同一审批服务板块相对集中、前台综合受理、后台分类审批和统一窗口出件的总体要求,改造了原有的员工餐厅和辅助办公空间,使大厅的空间布局更加科学且相对集中。此外,行政服务中心为减少噪音,把原有的叫号系统全部改为无声叫号;为增加群众休息空间,把原有的办公用地腾空进行改造;为增加服务配套措施,在大厅开辟了前台受理区、后台审批区、公共事务区、电子政务体验区、商务区等一系列配套服务区域。

2. 打造更加智慧更加集成的办事大厅(如图 5 - 1、图 5 - 2 所示)。市行政服务中心在大厅建立自主电子填表系统,办事群众个人基本信息表只需填写一次;开发排队叫号评价一体化系统,实现了统一编号、短信提醒、无声叫号,从申请环节保证一窗受理的落实;开发办事进度(结果)公示系统,实时显示各类事项的办理部门、办理进度等信息。在后台配备了高清视频监察系统和视联网会议系统等,并按照标准统一、数据共享、互联互通的原则,整合链接到政务服务网,为群众在大厅进行线上办事体验提供设备支撑。同时,一些部门探索推出“一窗式、云服务”的网上办事大厅,如公安综合服务就将八大警种进行整合,实现了高速交警、地方交警、综合执法局车辆违法处理的“三合一”;企业注册登记与后置审批综合服务推出涵盖 11 个职能部门共 16 个事项的证照联办等。

3. 统一标准制作事项办理流程图。按照群众办理一项事项的操作流程,市行政服务中心制作了“一窗受理”审批流程图,让前来办事的群众对各个办事环节一目了然,并将此流程固化成制度。同时,衢州市配套制定了六大板块“一窗受理、集成服务”实施细则和相应的考核评价办法，为改革继续深化和强化群众监督提供了制度保证。这些措施的陆续出台都折射出政府改革以人民群众为本的指导思想，能够有力提升群众和企业在行政服务中心办事的体验。自 2016 年 5 月启动“最多跑一次”改革至今，衢州市行政服务中心办理“一窗受理”事项超过 17.7 万件，实现了“零投诉”，群众满意率达 99.4%。在全市 2016 年度最满意单位评选中，行政服务中心也从以往的第 9 名跃升为第 1 名。

图 5-1　法人事项办理大厅

图 5-2　不动产登记与交易办理大厅

二、台州"多证合一"综合性改革

台州市是"国家级行政审批服务标准化"改革试点地区，其"多证合一"的改革探索一直走在全省和全国前列。为了让百姓办事"少跑腿"和"零跑腿"，台州市在"最多跑一次"改革的路径设计中，以效率提升和职能整合优化为切入点，以"一窗受理、内部流转、同步审核、信息互认、多证合一"为创新模式，在商事登记方面以"减证"为抓手，由市场监管部门牵头，整合市场监管、工商、公安、卫生、消防等多个部门的行政许可；在"三证合一""五证合一"先行先试的基础上相继推出了"九证合一""十一证合一"和"多证合一"，切实做到以"减证"有效推动简政。

（一）从"三证合一"到"十一证合一"

"多证合一"改革源于 2014 年商事登记的"三证合一"。为进一步简政放权，精简准入流程，激发企业和社会活力，2014 年 6 月，国务院在《关于促进市场公平竞争维护市场正常秩序的若干意见》中鼓励探索实行工商营业执照、组织机构代码和税务登记"三证合一"登记制度。7 月，国家税务总局在《关于创新税收服务和管理的意见》中提出要"向市场主体发放一份包含营业执照、组织机构代码证、税务登记证功能的证照"，并系统阐述了"三证合一"的工作思路。随后，"三证合一"在湖北、广东、江苏等地开始了改革试点。台州市结合当地企业特别是外贸投资发展实践需要，在一系列可操作性条件成熟的基础上，于 2015 年 2 月在全省率先实施"三证合一"商事登记改革，并发放了全省地级市首张"三证合一"营业执照。"三证合一"中营业执照与组织机构代码及税务登记合一，特别是营业执照与税务登记的合一，意味着税务部门可以直接利用工商登记成果，这不仅开创了机构内部跨部门有效协同合作的先河，也为今后进一步简化注册登记手续，推进“五证合一”和“多证合一”，精简事项、优化服务打下了坚实基础。

“五证合一”是“三证合一”的升级版。2015 年 5 月，李克强总理在国务院常务会议上指出，要在全面实施企业“三证合一”基础上，再整合社会保险和统计登记证，实现“五证合一、一照一码”，降低创业准入的制度性成本。随后，浙江省率先在全省推开营业执照、组织机构代码证、税务登记证、社会保险登记证和统计登记证“五证合一、一照一码”登记制度，实现信息共享与业务协同，大面积撬动商事登记改革。2015 年 6 月，台州市在全省率先出台《台州市企业“五证合一”等级制度实施办法》，在台州市区域内的企业设立、变更（备案）登记中，通过行政服务中心“五证合一”窗口统一收件，与市场监管、质监、国税、地税、人社、统计部门协同，核发加载组织机构代码、纳税人识别号、社会保险登记证号和统计登记证号的企业营业执照，实现“五证合一”。实行“五证合一”登记制度后，企业注册登记手续从最初的跑 6 个部门窗口到只跑一个窗口，办理时间从原先的 20 多日减少到 3 日，极大地降低了企业的办证成本和办证时间。

为更好地释放改革红利，激发市场活力，2016 年底，台州市在椒江区实行了外贸企业设立、变更“九证合一”登记制度改革试点。针对外贸型企业在原“五证合一、一照一码”的基础上，增加《海关报关单位注册登记证书》《出入境检验检疫报检企业备案表》《对外贸易经营者备案登记表》《公安信息化公章执章证》，购买第三方服务，设立“九证合一”综合窗口，实现“一窗受理、内部流转、同步审核、信息互认、多证合一”的登记模式。从 2017 年 2 月起，针对经营范围内有货物进出口和技术进出口业务的企业，在原"五证合一、一照一码"的基础上，将《海关报关单位注册登记证书》《出入境检验检疫报检企业备案表》《对外贸易经营者备案登记表》《公安信息化公章执章证》《开户许可证》和《原产地企业登记证》6个登记证合并到一本营业执照，实现"十一证合一"，并于2017年2月16日颁发全省首个"十一证合一"营业执照。"十一证合一"使受理窗口从7个集中到工商一个窗口办理，提交材料从56份减至23份，企业设立时间从30多个工作日缩减至6个工作日，民众跑腿次数从原来最少14次减至1次。

（二）"多证合一"的改革内容

"多证合一"是在上述基础上通过"减证"达到简政的持续性变革。2017年4月，国务院颁发《关于加快推进"多证合一"改革的指导意见》，要求各地区在"五证合一"登记制度改革的基础上，继续全面推行"一套材料、一表登记、一窗受理"工作模式，登记部门直接核发加载统一社会信用代码的营业执照，相关信息在国家企业信用信息公示系统公示，并及时归集至全国信用信息共享平台。坚持"多证合一"与推进"一照一码"营业执照应用相结合，打通改革成果落地的"最后一公里"。

2017年4月，台州市被列为浙江省商事主体"十一证合一"登记制度改革工作试点，并率先在全省开始探索多领域、多行业"多证合一"的改革。先后在市本级、天台县、路桥区、温岭市试点食品经营、旅馆、酒店、新闻出版业、交通、农业、海洋渔业、林业等24类行业27个事项"多证合一"改革。在全面实施企业"五证合一、一照一码"登记制度改革和个体工商户"两证整合"的基础上，台州市按照能合尽合、能联尽联、能简尽简、该减尽减、该通尽通的原则，将涉及市场主体登记、审批、许可、备案等有关事项和各类证表进一步整合到营业执照上，市场监督管理部门直接办理加载统一社会信用代码的营业执照，将许可证名称、编号、有效期、年审年检等信息载入二维码，被整合的证表不再发放，实现“多证合一、一照一码”；同时将营业执照与其他未整合证表进行联审联办，使企业快速进入生产经营状态，大幅度缩短企业从筹备开办到进入市场的时间。

目前，台州市在外商投资、餐饮、旅店、劳务派遣、交通维修、渔业、农业等 24 个领域和行业，涉及 18 个部门的 27 个事项中开展了“多证合一”改革。如表 5-1 所示。

表 5-1　台州市“多证合一”改革事项清单

序号	行　业	事项名称	涉及部门	实施试点
1	外贸企业	外贸企业“十一证”合一登记	市场监管、商务、海关、检验检疫、贸促会、人民银行、公安	市本级
2		外贸企业“十七证”合一登记	市场监管、商务、海关、检验检疫、贸促会、人民银行、公安、国税、外汇管理	椒江区
3	多行业	银行账户开户许可证核发	人民银行	市本级
4	外商投资（鼓励类）	外商投资企业设立、变更备案	商务	市本级
5	驾驶员培训	机动车驾驶员培训经营许可	交通运输	市本级
6	水路运输辅助	水路运输及辅助业务备案	航港	市本级
7	兽药经营	兽药经营许可（兽用生物制品）	农业	市本级
8	商场超市	食品经营许可	市场监管	市本级、黄岩区
9	劳务派遣	劳务派遣经营许可	人力社保	市本级、路桥区

续表

序号	行　业	事项名称	涉及部门	实施试点
10	餐饮	食品经营许可	市场监管	市本级、黄岩区、温岭市
11	旅馆、酒店	公共场所卫生行政许可	卫计	市本级、天台县
12	旅馆、酒店	旅馆业特种行业许可证	公安	天台县
13	娱乐	食品经营许可	市场监管	黄岩区、路桥区
14	网吧	食品经营许可	市场监管	黄岩区、路桥区
15	出版零售	设立出版物零售单位或从事出版物零售业务审批	文广新	路桥区
16	游泳场（馆）	公共场所卫生行政许可	卫计	路桥区
17	机动车维修	机动车维修经营许可	交通运输	路桥区
18	印刷经营	从事印刷经营活动审批（企业从事包装装潢和其他印刷品印刷经营活动审批、个人从事其他印刷品经营活动审批）	文广新	路桥区
19	艺术品经营单位	艺术品经营单位备案	文广新	路桥区
20	种子经营	种子经营许可	农业、林业	温岭市
21	动物诊疗	动物诊疗许可	农业	温岭市
22	农药经营	农药经营许可	农业	温岭市
23	水产	水产养殖证核发	海洋渔业	温岭市
24	水产	水产苗种生产许可证核发	海洋渔业	温岭市
25	药品零售	药品经营许可	市场监管	温岭市
26	木材经营加工	木材经营加工许可	林业	天台县
27	民宿	公共场所卫生行政许可	卫计	天台县

与"多证合一"联动，台州市在医疗器材、食品生产、美容美

发、烟草专卖等16个行业，涉及12个部门的18个事项中进行了"证照联办"改革。如表5-2所示。

表5-2　台州市"证照联办"事项清单

序号	行业	事项名称	涉及部门	实施层级
1	医疗器材	医疗器械经营许可	市场监管	全市
2	食品生产	食品生产许可证	市场监管	全市
3	典当	典当业特种行业许可证	公安	全市
4	公章刻制	公章刻制业特种行业许可证	公安	全市
5	再生资源回收经营	再生资源回收经营者备案登记	商务	全市
6	旅行证	旅行社设立许可	旅游	全市
7		旅行社设立分社、服务网点备案	旅游	全市
8	美容美发行业	公共场所卫生行政许可	卫计	全市
9	饲料生产企业	饲料生产企业设立许可	农业	全市
10	广播电视节目制作	设立广播电视节目制作经营单位批准	文广新	全市
11	娱乐	设立娱乐场所审批	文广新	全市
12	网吧	设立互联网上网服务营业场所审批	文广新	全市
13	电影院	电影放映单位经营许可	文广新	全市
14	城市生活垃圾经营	城市生活垃圾经营审批	城市管理	全市
15	养老机构	养老机构设立许可	民政	全市
16	烟草专卖	烟草专卖零售许可证审批	烟草	全市
17	游泳场馆、攀岩、滑雪、潜水等高危险性体育项目	经营高危险性体育项目许可	体育	全市
18	幼儿园	民办学校审批	教育	全市

（三）"多证合一"的联动改革

"多证合一"商事登记制度改革参照了"五证合一、一照一码"的改革模式，实行"一套材料、一表登记、一窗受理、一份证照"机制。为切实做到"多证合一"，台州市还从精简办事项目和办事流程、推动部门内有机联动来推动“多证合一”改革实现。

1. 精简民众办事项目和办事流程，做到“减层级、减事项、减材料、减环节”。“减层级”即开展审批层级一体化改革。早在2016年5月，台州市就将涉及市发改委、市环保局、市建设规划局等21个市级部门的155项行政许可事项向县（市、区）下放，其中委托下放占37.91%，直接下放占62.09%，实现县级与市级审批90%同权。此外，逐级延伸下放，向村级延伸下放可办115项，乡镇273项，2016年一共下放253项，现在民众有90%的项目申请办事可以不出县就能完成。“减事项”主要是开展前置盖章清理，减少一些互为前置环节的事项，对于那些多部门重复设定和不合理设定，可以减少的前置事项一律取消，截至2017年3月13日，台州市一共清理乡、村两级前置盖章2188项，其中保留1080项、取消760项、优化348项，取消和优化率达50.64%。“减材料”主要体现在实施“容缺受理”机制。“容缺受理”机制是对传统审批受理方式的创新，是对那些基本条件具备、主要申报材料（主件）齐全且符合法定条件，但次要申报材料（副件）有欠缺的行政审批事项，在申请人做出相应承诺后，予以容缺受理。截至2017年3月中旬，台州市本级可容缺受理的项目已经达到218项，审批“容缺率”由原来的20.6%提升为51.4%。“减环节”推进审批事项向审批处室集中，审批处室向行政服务中心集中，并实现审批事项到位、审批权限到位。2016年，市卫计委、海洋渔业、建设规划等单位实现全面进驻，中心既能受理、又能办理的事项比例达到90%，分散的处室全部归并掉，使得申请的即办件率提高了20.9%。

2. 打破部门常规，推进部门有机联动。其做法：一是“线上线下联动”。大力推进“互联网+政务服务”建设，市级行政许可事项可以通过外网申报的比例达到94.83%。作为配套设置，着力推进手机端服务办理，在全省率先开通“浙江政务服务网台州站移动客户端APP”业务，已有30多个具体事项可通过手机端一键办理，实现“指尖上的审批”，提升审批速度。二是投资项目联合审批。对不同类别的项目进行全流程优化再造，开展联合审批，并根据项目性质归并形成六大分类审批模板，并形成规范，固化审批机制，可以将不同的项目类别灵活匹配到相应模板，企业审批时间可平均减少2—3个月。三是联合竣工验收。变之前的分散受理为统一告知，变原来的单个逐一测量为联合测量，变原来的各部门独自验收为多部门集中勘验，变重复报送为一次报送，大大缩短项目的验收时间。四是市区联动代办。通过在市县里抽选骨干工作人员组成代办人员，在市县两级全面建立代理代办服务机构，依托网上审批系统建立投资项目代理代办子系统，实现市县联动项目信息互通和即时代办服务。

从改革实效来看，通过“多证合一”“证照联办”登记制度改革，企业的申报材料总体减少了31.65%，办理时间减少了47.15%，跑窗口的次数减少近3/5，跑腿次数减少近4/5。如今，“多证合一”改革已经成为实现“企业和群众到政府办事最多跑一次”的重要内容和操作路径。企业通过提交“一套材料”和“一表登记”“一窗受理”，从根本上减少了办理证照的数量，简化了办事程序，在办理营业执照后即能达到预定可生产经营状态，更好地激发市场活力和创业的积极性、主动性。从2017年7月1日起，浙江在省内推行了“多证合一”制度改革。

三、杭州信息化推动“一次跑”

随着“互联网+政务服务”模式的日趋成熟，依托信息化和大数据进行决策已具备良好条件。早在2002年，浙江省委、省政府就提出了建设"数字浙江"的重大决策，并把电子政务建设作为"数字浙江"建设的核心工程。为此，各级政府和部门加大了对信息化工作的领导力度，开展了各项信息化试点工作，推进了一批信息化重点工程建设。近年来，围绕浙江政务服务网的建设和完善，浙江正在加速形成"互联网+政务服务"新模式，力求为"最多跑一次"改革的落地提供信息支撑。

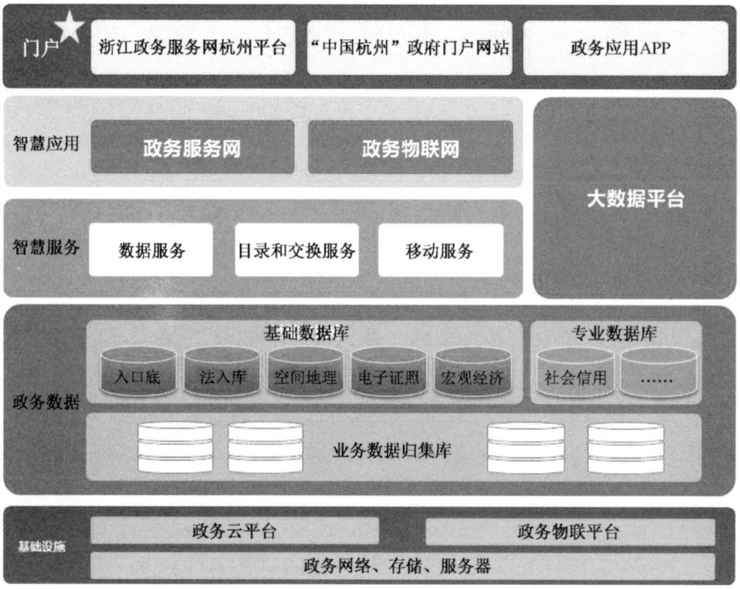

图 5－3　杭州市智慧政务建设基本框架图

杭州是国内最早启动电子政务建设的城市之一，其基础设施、服务平台及部门应用建设均走在同类城市前列。目前，"中国杭州"政府门户网站应用绩效不断提升，对各类政府服务进行充分整合，建成了一站式服务的总窗口。全市统一的电子政务网络规范、高效运行，政务数据资源目录体系和交换体系初步建成，业务协同能力稳步提升；人口、法人、地理信息和宏观经济等基础数据库基本建成，各类专业数据库建设有序推进、雏形初显；数字城管、智慧医疗等应用系统高效便民，杭州医保全方位智能监管平台、地理信息公共服务平台、综合交通信息指挥中心系统等项目引领示范效应突出；浙江政务服务网杭州平台基本建成。全市各级各部门主要业务系统信息化覆盖率、办公系统普及率、官方网站服务绩效等指标均全国领先。杭州以信息化为载体推动“最多跑一次”改革的具体做法以下五个方面。

（一）以浙江政务服务网为核心搭建电子政务总框架

浙江政务服务网 2014 年 6 月正式上线运行，是在全国率先以“互联网＋”思维打造的集行政审批、便民服务、政务公开、互动交流、数据开放等功能于一体，省市县乡统一架构、多级联动的网上政务服务平台，是以信息化支撑“最多跑一次”改革各项措施落地的关键载体。目前，根据浙江政务服务网建设的总体部署，杭州市构建了集各类政务服务于一体的浙江政务服务网杭州平台，从而形成了杭州智慧电子政务的总体框架（如图 5－3 所示），实现了统一规划设计、统一基础支撑、统一数据归集、统一应用发布、统一安全管理。具体实现了全市行政审批等权力事项“一站式”网上办理与“全流程”效能监督，形成了覆盖全市的网上“政务超市”。主要措施包括：在现有的政务云、政务网络等设施的基础之上打造全市统一的智慧电子政务云、智慧电子政务网络；利用浙江政务服务网杭州交换中心实现政务数据统一归集，形成政务数据共享开放的格局；利用浙江政务服务网杭州平台，统一发布行政审批、便民服务事项等应用，实现单点登录、游遍全网的目标；建立健全智慧电子政务安全管理机制，保障政务数据的安全可控；制定出台了《杭州市政务数据资源共享管理暂行办法》，编制了政务数据资源目录，梳理了 55 家单位的 568 类数据；制定了杭州市地方标准《杭州市智慧电子政务数据资源共享管理服务规范》，为杭州市开展政务数据资源共享奠定了基础。

（二）以互联网技术整合形成集约化电子政务平台

在推进"最多跑一次"的政府改革中，互联网技术为改革提供了综合性技术支持，实现由数据流引导政府资源流、权力流向服务流的顺畅转换。目前，杭州全市党政机关非涉密电子政务系统服务器设备已实现统一托管，基于市电子政务外网，对市级部门网络进行有效的整合迁移，形成上至国家各部委，下至13个区、县（市）的乡镇（街道）及4个开发区政府部门的纵向业务网络，以及跨部门的横向业务网络。整合后的市电子政务外网已有数字城管、规划系统、财政系统等多个业务系统运行，在满足各部门业务需求的同时，推动了市电子政务网络的延伸和统一运行管理。截至2017年8月，全市共有381项行政审批权力事项、718项其他类行政权力事项、41项公共服务事项实现了网上运行。此外，已经开发形成的杭州市党政机关办公业务资源系统已实现对全市各级各部门的全覆盖，经过持续优化升级后，该系统已具备业务流程定制、效能实时监察、资源精细管理等功能。各单位核心业务基本实现信息化，各单位业务系统可处理的业务类型大幅扩展、深度显著提升，为部门之间办公效率的提高和数据资料的传输奠定了技术基础。

（三）以公共服务的网络集成为目标实现服务创新和政民互动

政府通过网络技术平台和大数据共享，能够将各种公共服务或审批流程集中起来，加速了跨部门并联办公。通过公共服务的网络化集成，不同层级、职能关联的部门壁垒被拆除、前台界面和后台服务融合一体，原本条块分割的政府机构变成一个有机整体。目前，“中国杭州”政府门户网站秉承“方便、实用、为民”的办站宗旨，进一步挖掘信息公开、在线办事和公众参与等方面潜力，着力构建“杭州市民的网上政府”，常务会议直播、12345市长信箱、网上接待室等栏目的影响力和作用持续扩大，已成为政民互动的基础平台。此外，杭州市针对不同人群的特点开发相应的集成服务应用，实行了线上线下两种模式的互补融合。如到线下大厅的办事人员可提前通过微信进行网上排队，大大缩短了排队时间；为降低公共资源交易运行成本，市公共资源交易中心于2017年7月起实行综合类交易项目招标文件网上免费下载，改变了过去招标人及招标代理机构蹲守中心办事窗口发售文件，投标人必须现场领取文件的做法，实现了让信息多跑路，投标人“一次都不用跑”；为了加快投资项目市、区两级并联审批流程，搭建了投资项目在线审批监管平台，实现了全市投资项目数据互通共享、网上联审联批、审批数据留痕。

（四）以“钉钉”办公云平台为载体推动政企对接和政商沟通

2017年3月，杭州市经济和信息化委员会在全市部门推广运用“钉钉”办公云平台，创新服务方式，加快推进“最多跑一次”改革。“钉钉”是阿里巴巴集团研发的一套即时通信系统平台，集即时消息、短信、邮件、语音、视频等于一体，许多企业通过将其作为内部办公管理系统使用，实现了企业内部的协同办公和信息化改造，有效提升了办公效率和管理效率。目前，杭州已有600多家企业入驻“钉钉”的企业服务窗，企业负责人只需动动手指，就能在“我要提问”“最新政策”“转贷服务”“社会中介”“资格认定”五大功能模块获得免费、精准、高效、便捷的政府服务。同时，在企业服务窗的"钉钉"群组中，企业与政府工作人员还能进行实时的互动交流，大大提高了政府服务的效率。例如，地税拱墅分局将纳税单位在"钉钉"内建立虚拟组织，公告、通知可以随时推送。对重点纳税人，地税局专门派管理员在"钉钉"上对接。不但能实现税务方面的数据采集和预测，还能让企业自己查询纳税情况。地税局还安排专人在"钉钉"上值班，接受纳税人的咨询。日后，杭州市各政府部门服务企业的职能也将陆续集成到企业服务窗，将平台打造成全市政府部门服务企业的大本营，诸如企业项目申报、审批等服务内容，均能在平台中得到"一键解决"。

（五）以全程监督模式和综合考评机制为抓手推动电子政务建设

互联网具有全程留痕的技术特征，为全程可视化监督创造了有利条件，从而能够帮助政府自身改进办事流程，提高群众和企业的办事体验。第一，杭州市通过建立政府内部绩效考核机制，传导责任压力。电子系统中将会详细记录每位工作人员办理民情事项、行政事项的数据、质量和时长，自动生成绩效评价。那些超过承诺时限和次数的行政行为直接拉低了个人绩效等级，产生了良好的倒逼压力。第二，杭州市目前的网络办事界面大多设置了群众反馈评价选项，群众可根据网络办事体验进行自主评价，网络远程评价较少受面对面压力的影响，办事群众的评价更加体现本人真实感受。通过群众的服务评价机制，倒逼工作人员提升服务质量。第三，杭州通过"大督查"机制，对相关问题进行问责，产生了实实在在的联合监督压力。在多重监督网络下，网络办事效率、质量、体验都有了很大的改善，群众的获得感和满意度有了很大提升。此外，杭州市将智慧电子政务建设综合考评纳入了全市综合考评管理，以考评促进建设，提升效用。根据《杭州市智慧电子政务项目管理办法（试行）》，统筹开展全市智慧电子政务项目全过程管理工作。由智慧电子政务建设工作领导小组办公室对所有政府投资的智慧电子政务项目进行审核，防止重复建设、低端建设，通过审核促进数据共联共享，促进各部门信息化建设高端、前沿、互联共享。加大绩效管理力度，引入第三方测评机构，对建设项目进行绩效评估，促进智慧电子政务发展。

四、嘉兴审批层级一体化改革

浙江省自1999年开始，先后实施了多轮行政审批制度改革，特别是自2013年以来，在行政审批方面力度不断加大，不断出台推动行政审批制度深化的政策制度，不断突破改革的深水区，着力把浙江打造成“审批事项最少、办事效率最高、政务环境最优、群众和企业获得感最强”的省份。为了全面深化行政审批改革，提高审批效能，营造一流的投资环境，激发经济社会发展活力，嘉兴市率先开展行政审批层级一体化改革，通过多种方式把行政审批权力向县级政府下放。该市的行政审批层级一体化改革，不仅涉及基本权限下放，更重要的是触及了行政审批层级体制的根本性变革。在行政审批层级一体化改革的试点基础上，嘉兴积极贯彻落实省委、省政府重大决策，大力推进“最多跑一次”改革。实践表明，嘉兴的行政审批改革力度大、亮点多、成效明显，有力地向纵深推进了简政放权和“放管服”改革。

（一）嘉兴行政审批改革的主要做法

嘉兴积极探索建立扁平联动、协同监管、权责一致的市县两级一体化的新型审批制度，不断提升行政审批的制度化规范化水平，从减少行政审批层级、事项、材料、环节着手，努力实现群众和企业到政府办事"最多跑一次"，不仅提升行政审批效率、优化审批效能，而且切实贯彻落实以人民为中心的发展思想，提高人民群众的获得感。其探索实践主要包括：

1. 出台相关政策办法，推进改革制度化、规范化、程序化。2013 年 9 月，嘉兴市先后出台了《行政审批层级一体化改革实施方案》《行政审批事项动态管理办法（试行）》《行政审批层级一体化改革工作流程图》等一系列规范性文件。2017 年 2 月以来，嘉兴市围绕市委、市政府提出的"最多跑一次、就近跑一次、不用跑一次"总体部署，相继出台了《关于全面推进"最多跑一次"改革实施方案》《关于全面推进行政服务中心"一窗受理、集成服务"改革实施方案》《关于推进"最多跑一次"改革　规范行政审批中介服务的实施方案》等一系列规范性文件，明确"最多跑一次"改革的权责划分、职责担当、任务分配、改革要求和改革进度，为改革的持续推进提供了制度保障，而且提升了运用制度推进审批改革的能力及改革的制度化、规范化、程序化水平。

2. 全面下放审批权限，削减审批层级。嘉兴遵循"权责一致、重心下移、减少层级、能放则放"的原则，对市级审批权限进行系统梳理，594 项市级行政审批事项中除需保留实施的 59 项外，其余的已全部下放到县（市、区）。对于不能授权和委托的行政许可事项则采用延伸机构、下沉服务窗口的方式在县（市、区）设立专门受理点（窗口），并实施网上审批等方式最终实现市县审批一体化。而且通过镇村行政服务中心和市、县（市、区）、镇（街道）、村（社区）四级代办服务网络，嘉兴行政审批事项和便民类公共服务事项直接下沉到镇村，向基层和一线延伸，按照"最多跑一次、就近跑一次、不用跑一次”的指导原则，努力让群众“就近办理”，为群众和企业就近提供贴心服务，行政审批服务提速明显，人民群众和企业获得感亦明显增强。

3. 加强审批事项梳理，实行清单化管理。紧密结合“四张清单一张网”，嘉兴对行政审批事项和审批权力进行了细致的梳理，市级审批权力已基本做到“应放尽放”。2017 年 2 月 22 日、3 月 14 日，嘉兴以权力清单和公共服务事项目录为基础，全面梳理、分批公布“最多跑一次”事项 8223 项，其中市级 66 家单位共公布 1193 项，各县（市、区）和嘉兴经济技术开发区、嘉兴港区共公布 7030 项。3 月 30 日，在对第一批、第二批“最多跑一次”事项全面规范梳理的基础上，嘉兴重新公布“最多跑一次”事项 7010 项，占全市列入群众和企业到政府办理的行政权力、公共服务事项（共 7736 项）的 80%。其中，66 家市级单位共公布 927 项，各县（市、区）和嘉兴经济技术开发区、嘉兴港区共公布 6083 项。在公布事项清单、实现清单化管理的基础上，嘉兴按照“最多跑一次”改革标准化的要求，全面修订完善群众办事指南和业务操作手册，确保各级政府为群众和企业办事、服务的集中性、规范性和有效性。

4. 优化审批流程，提高行政审批效率。为提高行政审批效率，嘉兴着重对行政审批流程进行了优化：一是深化条块改革联动，“深化两集中、两到位”改革，即市、县两级上下联动、同步推进，纵向层级政府间协同能力显著增强，审批集中度明显提高；梳理了一批“同城通办”事项，推进同城多点办理，努力让群众“就近办理”，有条件的还实现“全市通办”。截至目前，嘉兴工商注册登记、公积金贷款申请、护照办理、机动车驾驶证申领等 48 项行政审批和便民服务事项已实现全市通办，横向职能部门之间的协同能力不断强化。二是加快审批流程再造。对审批环节较多、流程烦琐的审批项目进行全流程优化，从“多证联办”提升到“多证合办”，审批环节大幅减少，审批效率提升明显。

5. 完善“三制联动”，创新审批服务机制。嘉兴通过完善以“联审制、模拟制、代办制”为核心的“三制联动”审批服务机制，建立了“统一受理、同步办件、集中实施”工作机制。特别是把群众高度关注的不动产交易登记作为突破口，加快整合分散在建设、地税、国土等部门的业务，于 2017 年 3 月底实现了登记、交易、纳税等业务“一窗办结”。在重点推进的“一窗受理、集成服务”改革中，嘉兴已实现不动产交易登记“一窗受理”。4 月 1 日至 5 月底，嘉兴已办理不动产登记各类业务 13.7 万件，办理由原来三个窗口整合成一个窗口，流程由原来串联审批变为同步审批，时间由原来的 1 个月左右大幅压缩到 1 个工作日以内。而嘉兴市南湖区作为全国相对集中行政许可权改革试点单位，成立了行政审批局，在全国率先开展行业许可“一证化”改革，整合从事一个行业经营所需办理的多个许可事项，通过“一单申请、一窗受理、一次勘查、一科办结、一证覆盖、一档归并”实现全流程“最多跑一次”“最多跑一窗”。

（二）嘉兴行政审批改革的创新性分析

总体而言，嘉兴行政审批改革不断推陈出新，其创新性值得肯定。嘉兴行政审批制度改革的创新体现在多个方面。主要表现在以下几点：

1. 审批模式创新。嘉兴市将审批事项办理以部门职能为主的模式转变为以事项办理为中心的多部门联办模式，与传统行政审批模式相比，实现了创新。而且积极开展以负面清单管理为核心的“最多跑一次”事项的梳理、公布，梳理“零审批”事项，“优化审批流程，实行批时总控”，并深化了“三制联动”的审批服务方式创新。

尽可能做到让老百姓“零跑腿”“零上门”或由工作人员“代替跑”，贯彻落实“以人民为中心”的改革理念，在实现审批模式创新的同时实现审批效能革命。

2. 机制体制创新。嘉兴在推进市级行政审批纵向一体化发展之时，积极推进同一行政层级平面上跨部门的并联审批改革，实行跨部门、跨层级的“一窗受理、集成办理”。主要依靠内部流转、并联审批模式实现纵向层级政府、横向职能部门之间的有效整合，最终在一体化平台上打破了部门和层级壁垒。这些改革率先触及行政审批的根本性体制，有效削减了行政审批层级、环节，行政审批服务不断向基层向一线下沉，审批服务日益贴近群众、贴近生活，在整个行政体制改革领域都具有重大创新意义。

3. 审批方式创新。嘉兴不断创新审批方式，尤其是“互联网+政务服务”的着力推进，通过微信公众号、政务 APP 实现网上预约查询“零跑腿”、网上申请办事“零上门”，加上“红色代办”干部“代替跑”，不仅努力实现“最多跑一次”，而且加快实现着“不用跑一次”。同时，打破横向职能部门与不同区县政府间分割的藩篱，努力推进“全市通办”。如前所述，该市 48 项行政审批和便民服务事项已实现全市通办。这既是行政审批条块的有效整合，实现行政审批改革整体性、协同性、系统性的突出表现，也是行政审批和政府改革整体推进、系统创新的重要体现。

嘉兴的改革实践，使得行政审批效率显著提升，改善政务环境效果显著，人民群众的整体满意度较高。通过行政审批层级一体化和“最多跑一次”改革，得到了群众和企业的高度认可，改出了群众的获得感，跑出了政府服务新形象，培育了经济社会发展新动力。

五、绍兴"中介超市"创新

在行政审批的流程中，有许多内容需要由中介组织来承担，所以中介服务的效率和质量直接影响到企业和群众享受的行政审批服务水平。然而一直以来，中介服务管理却面临种种困境和矛盾。特别是由于受到既有体制因素的影响，"红顶中介"大量存在，服务垄断化、低效率等问题常常困扰着办事的企业和群众，也成为政府主管部门的难题。可以说，改革和创新中介服务管理是行政审批制度改革的重要组成部分，是实现"最多跑一次"目标的重要路径。

（一）绍兴"中介超市"创新的缘起与发展

浙江政府一直以来都十分重视对中介服务的管理，许多地方试图通过创新体制和机制提升中介服务水平。1999 年，上虞市便民服务中心成立后，浙江各地较快地推广了"一站式"行政审批服务中心。其主要特征是，享有审批权的职能部门人员集中办公。当时，就有不少中介服务组织入驻行政服务中心，为当地企业和群众办事提供便利的服务。当然，由于对中介服务公司的管理并没有纳入行政服务中心的框架，很难对其进行十分有力的监管。加之当时的中介服务市场发育程度较低，群众和企业可以选择的中介服务公司还很有限。种种原因导致了中介服务这一环节的效率和质量仍不尽如人意。2013 年后，"四张清单一张网"改革逐步展开，行政审批制度改革成为主要突破口。中介服务管理作为其中的重要内容，也面临着改革创新。

绍兴的"中介超市"正是在此背景下应运而生的。所谓"中介超市"，是政府相关部门组织涉及企业投资项目审批的中介机构集中提供服务，企业自主选择中介机构服务的一种新型中介服务组织方式，即搭建综合性平台，各中介机构按超市的规则经营，向企业和群众提供中介服务。这种形式较之先前中介服务组织简单进驻行政服务中心的做法更加规范，突出了政府对中介服务组织的管理职责。绍兴市的创新探索可以大致划分为三个阶段：

1.“中介超市”制度基本形成阶段。在企业投资项目审批中，中介服务时间占到三分之二以上，这让绍兴地方政府的管理者意识到，必须在中介服务管理方面加大改革力度。2013 年 7 月，在推进高效审批服务机制建设过程中，绍兴市柯桥区率先探索实行涉及企业投资项目中介机构集中式办公、规范化管理的新模式，在柯桥区行政服务中心成立了全国首个涉企项目行政审批的“中介超市”。之后，市、县两级全面推开。2014 年 6 月前后，绍兴率先实现了“中介超市”的全覆盖，实现了中介服务管理框架的整体性升级。

2. 事项规范和效能提升阶段。为了能够使这项制度创新更加规范化、标准化，2015 年，绍兴市相关部门以“四张清单一张网”改革为抓手，组织开展了行政审批中介服务事项清理规范，确认行政审批中介服务事项清单，共 243 个项目。当年 10 月，出台了《绍兴市建设项目联合测绘实施办法（试行）》，以测绘领域为突破口，开始实施“三测合一”改革，进一步提高了相关中介服务的效率。

3. 网上“中介超市”建设阶段。2016 年 6 月《绍兴市“中介超市”一张网建设实施方案》的颁布实施，标志着绍兴市“中介超市”创新进入第三阶段。该阶段重点推行全市“中介超市”一张网建设，在市本级已建成网上“中介超市”的基础上，要求各区、县（市）均建立网上“中介超市”。2016 年底以来，绍兴市以推进“最多跑一次”改革为契机，将“中介超市”进一步发展和升华。

（二）绍兴"中介超市"创新的经验及成效

"中介超市"制度的建立和完善，使得绍兴市中介机构从分散式管理转变为平台式管理，实现了"超市化"集中服务，极大扭转了此前没有服务承诺时间、收费标准不统一、办理进度缓慢的局面，有效破解了审批乱象，显著提升了中介服务的水平。这项创新成为撬动"最多跑一次"改革深入发展的有力工具。其主要经验及成效包括以下几个方面：

1. 审批流程优化，审批效能提高。2016 年 6 月，《绍兴市"中介超市"一张网建设实施方案》正式实施，在各区、县（市）已基本建成网上"中介超市"的基础上，很快建立起"一地备案、全市通用"的工作机制，计划于 2017 年年底前完成市、县两级信息平台的互联互通，实现全市"中介超市"一张网。从规模和运作情况来看，目前已有 18 类 149 家涉审批中介机构入驻市级网上"中介超市"。2017 年 1—3 月，共受理中介服务事项 260 件，实际办理时间比承诺办理时间平均提速 31%。通过网上受理、网上审批等联动机制，环评、能评、水保、项目核准等各环节实现同步并联进行，倒逼审批部门加速审批进度，整个项目的审批时间大大缩短。以防雷装置设计技术评价为例，承诺办理时间为 3 个工作日，一般两个工作日内可以完成，比承诺时间提速 33%。

2. 区域垄断破除，竞争活跃有序。为打破区域性中介垄断，实现充分竞争，先后 3 次向全国的中介机构发出邀请，择优邀请入驻。目前，除绍兴本地的中介机构外，还有不少来自上海、杭州、宁波的中介机构入驻，其中，环评类中介机构已有 27 家，竞争十分激烈。市外中介机构的入驻，极大活跃了本地中介服务市场，提升了中介机构整体从业水平。据统计，外地中介机构在市本级区域内承接中介业务数量占比达三分之一以上。以施工图审查中介机构为例，全省仅有 40 多家具备专业资质，许多地方甚至没有一家具备专业资质的当地的图审机构。在“超市”建立以前，绍兴的施工图审查基本集中在一家单位，审查速度较慢，业主选择的余地也很小。而今入驻“超市”的中介机构已经达 5 家（市内 1 家，市外 4 家），有效增强了市场竞争，破解了图审中介垄断的问题。此外，对于入驻“中介超市”，严禁职能部门经办人员和行业主管部门变相推荐或设置中介机构，这也加大了变相垄断的形成难度，有利于进一步提高中介服务环节的透明度和公正性。

3. 全面提速提质，方便业主办事。中介服务机构通过价格谈判、提高服务质量、提升服务效率等途径来吸引项目业主，从而推动整个中介服务市场的健康有序发展。从实施情况来看，根据服务项目分类制定服务承诺时限，平均办结时限大大缩短。以前需要 80 天至 100 天才能受理完成的环境影响评价报告书，现在缩减至 50 天以内；建设项目设立安全项目预评价报告编制和项目使用林地可行性报告编制也分别从原先的 90 天、45 天减少至 45 天、7 天。同时，“中介超市”也为各类入驻机构提供了同场竞技的舞台，较好地解决了由分散办公带来的信息不对称、竞争意识薄弱等问题，服务意识和市场意识显著增强，整体效率得到提高。到目前为止，通过“中介超市”的审批事项，还没有发生一起业主投诉事件，得到了群众的普遍好评和认同。

4. 搭建机制平台，助力三方共赢。出台《入驻绍兴市行政服务中心“中介超市”中介机构考评办法（试行）》，对入驻中介机构的办件管理、考评内容、考评方式、结果运用等方面进行了规定，对入驻中介机构在考评上不分市内、市外，不分资质高低，不分机构大小，一律公平对待，采用一个标准，考评结果统一公布，并搭建统一的政策宣传、信息查询、咨询沟通、网上办理、服务评议的综合平台。通过该考评机制和网络平台，实现了三方共赢：中介机构管理中心依托“中介超市”的网络管理系统，提升了各类数据处理的能力，方便了各类考核指标的统计，同时也进一步规范了中介机构各类考核指标的科学设置，提升了考核的效率与质量。行业主管部门通过“中介超市”网络管理系统，进一步加强了项目监管、审批的时效性与针对性。项目业主凭借“中介超市”网络管理系统提高了项目承接的便捷性，节约了时间成本。管理中心、行业主管部门、中介机构之间的良性互动，进一步推动了“中介超市”管理长效机制的建立。

5. 改革深化延伸，加强试点带动。为进一步规范测绘中介机构服务、整合测绘技术标准规范、优化测绘环节和工作内容，针对建设项目相关测绘存在多次多个中介机构测绘的情况，2015 年 10 月出台《绍兴市建设项目联合测绘实施办法（试行）》，将原来分别由多家技术服务机构实施的地籍测量、规划测量和房产测绘改革为由一家技术服务机构统一测绘的全新测绘模式，并纳入“中介超市”管理。2017 年 1—3 月，市本级已有 9 家联合测绘中介机构，共有 13 个项目实行联合测绘，平均压缩测绘费用 20%以上，有效促进了绍兴市投资项目建设提质增速。同时，以“中介超市”为主要抓手，绍兴市不断探索创新企业投资项目审批方式，突出试点效应，加强试点带动，诸如企业投资项目审批方式改革、相对集中行政许可权改革等走在全省前列。

绍兴“中介超市”创新是“最多跑一次”改革在中介服务管理领域的集中体现。它不但继承了浙江行政审批、“四张清单一张网”等改革经验，而且正在“最多跑一次”目标的指引下不断探索体制机制完善的路径。这充分说明，任何一项涉及政府体制的改革不可能一蹴而就，也不可能回避触碰利益格局等关键性问题。中介服务管理改革的症结即在于如何破除计划经济体制下的政府行政模式，厘清政府与市场、社会的关系，通过建立开放、竞争、有序、公平的市场环境来真正为企业和老百姓提供优质、高效的中介服务。可以说，绍兴的“中介超市”创新正是对这一问题的积极回应。它触及了改革的“要害”，始终坚持“宽进”和“严管”相结合的原则，力图在政府直接介入、市场主体准入限制等方面“做减法”，在强化中介市场监管、提升服务效能等方面“做加法”。这一创新经验对于继续深化改革具有重要的参考价值。

第六章　实施效果：“最多跑一次”改革的整体成效

“最多跑一次”改革作为浙江省全面深化改革的“牛鼻子”，是撬动各方面各领域改革、解决群众和企业到政府办事的“痛点”和“难点”的关键支点。这项改革推进以来，取得了阶段性成效，人民群众的获得感不断提升，政府办事效率大幅度提高，政府各部门协同取得了实质性突破，政府整体建设得以全面推进，全省公共服务软环境明显改善，治理现代化水平明显提升，“放管服”改革深化推进走在了全国前列，为新的历史时期有中国特色的服务型政府建设提供了浙江经验和浙江智慧。

一、群众获得感得到提升

改革依靠人民，改革为了人民，改革的成果由人民共享。一项改革成败的标准在于是否维护、促进了广大人民群众的根本利益。“最多跑一次”以群众的需求为出发点，设计和推动政府机构的自我改革，方便人民群众的生产生活，极大地提高了人民群众的获得感。

(一)“最多跑一次”提高了群众的满意度

群众满意不满意、拥护不拥护、赞成不赞成是检验“最多跑一次”改革成效最直接的标准。根据浙江省社会科学院《“最多跑一次”改革专项评估中期报告》显示：86.9%的群众和企业对“最多跑一次”改革成效表示满意。这些数据表明各地积极推进“最多跑一次”改革，取得了较为显著的阶段性成果，老百姓的改革获得感明显提升。评估报告进一步显示：在各地区、各类型事项群众评价得分上，特定对象对“最多跑一次”改革成效的满意率均在80%以上。其中，满意率较高的地区依次为衢州（91.1%）、丽水（89.4%）、台州（89.1%）、湖州（88.2%）和绍兴（87.3%）。满意率较高的事项依次为出入境事项（92.4%）、税务类事项（90.6%）、企业投资项目审批类事项（88.8%）和不动产登记类事项（86.9%）。另据浙江省人大委托浙江工商大学开展的第三方评估显示：85%以上的受访群众表示“工作人员态度好”“办事效率比以前明显提高”。这些数据表明全省各地区各部门积极推进“最多跑一次”改革，精准对接群众和企业所需所呼，真正做到了“群众有所需，政府有所应”，让人民群众在改革中得到实实在在的方便和实惠，从而大大提高了群众的满意度。

在“最多跑一次”的受理窗口中，兜底窗口处于“最多跑一次”流程的末端，是能否实现“最多跑一次”的最后一道保障，也是事项最复杂、服务难度最大的窗口，一般认为这类窗口的群众满意度会低于平均数。调研发现，嵊州市行政服务兜底窗口将服务分为四类：引办，为陌生群众“兜底”，提供全方位的咨询服务，明确申报材料，预约办理时间，不让群众因为不知道或知道不全而多走一次冤枉路；协办，为复杂事项“兜底”，遇到单一窗口办理不了的情况，兜底窗口通过协调各单位合力办理；代办，为紧急事项“兜底”，群众遇到紧急事项时，由兜底窗口工作人员全程代办；帮办，为困难群众“兜底”，根据事项和办件特点，兜底窗口开展上门帮办。嵊州兜底窗口目前已办结事项 232 件，群众满意率高达 100%。事实证明，只要政府真正承担起“店小二”式的服务角色，就一定能得到群众的好评和拥戴。

（二）“最多跑一次”降低了群众的办事成本

“获得感”在一般意义上是指个体获取某种利益后所产生的满足感。政府提高民众获得感的途径有两种：一是做加法，不断促进或增加人民群众的利益；二是做减法，在获得同等利益或增进利益过程中不断降低或减少人民群众的成本。从这个角度讲，降低了人民群众的办事成本是提升人民群众获得感的重要途径。马克思说过：“政治统治到处都是以执行某种社会职能为基础，而且政治统治只有在执行了它的这种社会职能时才能持续下去。”① 衡量政府质量的一个重要指标就是政府能够通过改善公共服务质量，降低社会和公民的生产生活的综合成本。

1. 降低群众的时间成本。长期以来，群众到政府办事经常会面临“多跑”“久等”“长拖”的问题。通过“最多跑一次”改革，承担行政审批、公共服务、民情事项的部门和机构，换位思考，站在人民群众的立场，按照群众办理和所理解的“一件事件”来梳理事件清单、重塑办事流程，让群众广为诟病的跑、等、拖等痛点药到病除，大大降低了群众办事的办事成本。永嘉县在“最多跑一次”改革过程中，推出了社保业务“免填单”服务，让机器自动读取数据信息代替人工填表，业务办理时间缩短了 70%，以政府的“小变化”换来了人民群众的“大方便”。苍南县灵溪镇的王老伯是一位退伍军人，享受国家优抚政策，政策规定优抚对象每年要年审一次。

①《马克思恩格斯选集》（第 3 卷），人民出版社 2012 年版，第 559—560 页。

以前在社区办理年审，要到好几个地方盖公章，有时候来来回回一个星期都不一定把这些公章盖齐。如今，像王老伯这样的优抚对象只需要带着身份证到镇级服务中心“刷个脸”就可以完成年审。全省各地服务窗口通过一次性材料告知制度、网上预约服务、网上办事渠道，大大降低了群众准备材料、排队等待、路程往返等时间，大大降低了群众办事的时间成本。温州市邮政局开通“执照邮速通”专项服务，办事群众只需填写《“执照邮速通”申请单》，就可以坐等证件快递上门。全省各地在“最多跑一次”改革中普遍建立代办员制度，向广大农村和城市社区群众，尤其是年龄较大的人群提供志愿服务、上门代办服务，让群众足不出户就能将需要准备的材料备齐，由代办员集中代为办理。许多乡镇社区的便民服务网点，从本村或本社区挑选组建一批网络服务志愿者和代办员，配备必要的网络办公设备，由他们集中帮助居民上网办事，方便群众就近上网办事。

2. 降低了群众办事的经济成本。“最多跑一次”改革以来，全省各级政府和中介服务机构通过梳理服务和审批收费项目，调低、减免多种行政事项收费额度和收费项目，大大减轻了群众的经济负担。景宁县不动产登记服务中心，自“最多跑一次”审批制度改革工作启动以来，第一时间公布了一次性告知、一站式办理、零收费、邮寄服务等提速承诺，全面取消了用户登记费、工本费和交易费，降低群众办事的经济成本。以抵押贷款事项为例，2017 年 4 月，福建省鑫诚房地产公司景宁分公司办理 50 本证件，一分钱都不用交。而在“最多跑一次”改革之前，办理该证需要花费 550 元，现在同样办理 50 本证件，企业一下子减少经济成本 27500 元。全省普遍实现行政审批电子化，通过网上申报、网上受理、网上审核、身份认证、电子签章、电子归档，切实为企业降低制度性交易成本。网上办事和快递免费送达相结合，进一步减少了群众和企业办事往返的次数和现场等待的时间，减少往来的财务支出和时间成本。当前，全省98%的行政服务中心入驻了邮政速递服务，快递费用由政府财政统筹解决，免费为群众送达证件。金华市邮政局"最多跑一次快递中心"每日的快递送达1000余件，仅此一项，每天就为群众和企业减少经济开支2万多元。

3. 降低了群众办事的心理成本。过去群众和企业到政府部门办事面临着脸难看、话难讲、事难办的"三难"困境，有的事情可能会至少跑"一次"，甚至还得跑"几次"，致使办事群众心灰意冷却不得不硬着头皮去跑。长期以来，不少群众不愿意和政府部门打交道，到政府部门办事存在畏难情绪，心理压力很大。2017年9月，嵊州市新城吾悦广场的客服主管尹科佳在市行政服务中心办理食品经营许可证，因为有180多本营业执照和60多本食品经营许可证要办理，感觉压力很大。直到她来到行政服务中心，才发现这种压力是多余的，只要资料齐全，都可以跑一次就办理完毕。通过"最多跑一次"改革，政府窗口的工作人员服务态度热情，政府办事流程指引一目了然，就算遇到什么问题，工作人员也会主动帮助群众在政策允许的范围内将事情办好，目前广大群众特别是农村老年人群体到政府部门办事心理比改革前轻松了很多。

（三）"最多跑一次"让人民群众找回主人翁的存在感

国家的一切权力来源于人民，政府是以执行国家意志为主要功能的行政机关，从根本上讲，人民是国家的主人，政府及其工作人员是服务人民的公仆。我国新民主主义革命的胜利和人民政权的建立，从根本上确立了人民的主人翁地位。然而社会主义初级阶段，人民的主人翁地位的真正实现还面临着不少的挑战，由于中国长期官本位思想的存在，一些政府及其工作人员高高在上，颠倒政府和人民之间的关系，当国家仆人向国家主人翻转时，公共权力就开始异化了，人民群众的主人翁地位就在不同程度上虚化了。“最多跑一次”改革，彻底打破“跑断腿、磨破嘴”，群众和企业办事“一直在路上”的局面，让人民群众找回了主人翁的存在感。

1.“最多跑一次”改革以人民需要为根本出发点，回归服务型政府的本质定位。“最多跑一次”改革本质上通过政府的自我革命和调整，确保各级政府真正践行“以人民为中心”的理念，将服务型政府建设推向深入，让服务职能成为推进政府治理现代化的核心内容之一。浙江省委、省政府庄严向人民承诺，到 2017 年年底，浙江全省要基本实现群众和企业到政府办事“最多跑一次是原则、跑多次是例外”，并覆盖 80％左右的行政权力事项。这是一个从政府主导到当好“店小二”的转变过程，也是服务型政府建设全面开花结果、落地生根的过程。

2.“最多跑一次”改革注重问需于民，提高了政府回应性。群众的需要在不同事项上有着不同的侧重和偏好，精准服务群众最好的方式就是问计于民问需于民，倾听人民的不满与抱怨。许多常见的公共服务和行政审批项目因其复杂性，常由多个事项组成，但最终决定服务感受的，往往不是大多数做得好的方面，而是令人最不满意的那部分。群众最不满意的地方就是政府服务的短板，提高政府服务的回应性，就必须摸清这些短板，精准补齐这些短板。杭州市“最多跑一次”改革专题组办公室通过新闻媒体、“12345”市长热线、暗访体验、督促检查等方式，广泛发动党员群众参与“最多跑一次”改革，征集了许多有价值的意见建议和问题案例。同时，通过建立问题发现、反馈和改进机制，对各渠道搜集的意见建议进行及时梳理、反馈，督促相关单位做好整改落实。从 2017 年 4 月 28

日到6月9日，杭州市先后将10批次完整版的问题清单及整改意见在“中国杭州”政府门户网站、杭州网、杭州“19楼”网站公示。通过走群众路线和民意征集，杭州市“最多跑一次”改革有效地回应群众关切，落实群众期待，把政府服务做到群众的心坎上。

3.“最多跑一次”改革将最终评判权交给人民，由人民全域全员全程监督政府。人民主权原则要求政府对人民负责，建设责任政府，由人民来评价政府履职尽责的实际情况。“以敬民之心，行简政之道。”在“最多跑一次”改革中，政府向群众承诺，让群众做评判员。群众到政府部门办事过程中，可以通过多种方式对办事人员的服务态度、办事效率进行自主评价，各地政府服务中心办事大厅群众服务评价实现全覆盖。各地网络办事界面大多设置了群众反馈评价选项，办事人员根据网络办事体验进行自主评价，网络远程评价较少受面对面压力的影响，办事群众的评价更加体现本人真实感受，这对工作人员的压力要比柜台大得多。平阳县跑改办联合县新闻信息中心公开向全社会征集“最多跑一次”负面线索，凡群众和企业到窗口单位办事时，发现办事效率低、相关人员办事推诿刁难等情况，均可通过平阳新闻网议事厅、《新平阳报》新闻热线、平阳第一时间微信公众号留言，提供客观真实的负面线索。平阳县跑改办及时根据群众提供的线索进行调查、公开曝光，充分发挥了群众监督人多面广的优势。通过群众评价不仅倒逼政府工作人员提升服务质量，更能让群众在监督的过程中，享受更好的办事态度和办事效率，真切地找回了主人翁的存在感。

二、办事效率大幅度提高

效率的实质是产生的能量与投入的能量之间的比率。行政效率一般是指在单位时间内所能取得的行政管理或服务效果，从本质上讲，行政效率是一种特殊的投入与产出的比率关系，是政府公共管理活动所产生的经济效益和社会效益的综合反映。追求卓越的行政效率是一切公共管理活动的出发点，行政效率的高低是检验政府治理现代化水平的重要标准。行政效率也是不同国家和地区政府提升竞争力和比较优势的重要保证。

现代公共行政追求价值和效率的统一，行政价值必须以行政效率为依托，行政效率必须以行政价值为指引。如果没有卓越的行政效率保障，再崇高的行政价值也难以实现；如果没有崇高的行政价值引领，再卓越的效率也难以持续。“最多跑一次”改革为全省各级政府提高行政效率设置了明确、清晰的实践标准，有力地推动了办事效率的提高。从政府系统的运作流程来看，“最多跑一次”改革通过全过程的优化，从办事准备、办事过程和办事结果三个环节上降低时间和资源消耗，提高产出和收益。

（一）系统优化办事入口，提高办事效率

对人民群众而言，到政府部门办事往往在准备材料、办事路程和排队等候等环节耗费了很多时间和精力；而对政府工作人员而言，办事群众办事时段分布不均、办事群众排队秩序混乱、办事材料残缺不全等问题都可能导致政府效率达不到最优状态。

1. 各地建立了“一站式导引”，实现一次告知明明白白。杭州、温州等地对已经公布的行政审批事项服务指南进行了修订完善，进一步规范申请条件、申请材料、办事时限等内容，确保编制的服务指南“简单明了”。同时按照“统一指引、统一咨询、统一入口”的原则，建立了一站式网上办事导引系统，推出网上即时问答功能，让群众通过手机微信就可查询所有办事信息，第一时间得到咨询问

答，在办事前就能清清楚楚地知道怎么办。宁海等地编制二维码信息组，形成群众办事"政务云"，将970项行政服务事项分门别类编成二维码信息，将具体的办事申请材料、办事流程等信息纳入其中，群众办事只需要用微信扫一扫对应的二维码，即可点对点获取所需信息，并实现联网打印和转发分享。通过一站式导引，让群众掌握办事的路线图和流程图，提高群众申请材料的完善程度和质量，避免群众跑"冤枉路"和"无效路"。

2. 通过信息共享和前置删减，让前置材料变得更简单。各地依托政务网建立一体化的政务大数据共享平台，真正实现让数据替人跑。借助数据互通共享，衢州公积金办理率先进入了"无证明"时代。温州市将人口、企业、婚姻、不动产等群众办事最常用的68项数据资源进行集中归集，统一开放给部门共享。通过数据共享核查，逐步取消各种前置证明材料。社保、不动产查询、无违法记录三项证明材料在子女入学、低保户审核、公租房申请等领域频繁使用，通过数据共享，预计每年减少群众跑腿200余万次。温州市还开通了"百万申请网上办"服务平台，市公安局将年办量在200万以上的7项户籍业务和8项证明业务实现"全市受理、全国通办、全网流通"。宁海县通过审批仲裁机制，破解前置证明材料"理而不清"的问题，清理49条事项的前置条件99项，删除精简196个事项的申请材料604份。宁海民宿行业的经营许可，原先需要向市场监管、公安、消防、卫生4部门提交5份材料，现在只需在公安服务窗口统一提交一次材料。义乌市政府提出"消灭复印机"的目标，倒逼政府部门减权减材料。"最多跑一次"改革以来，义乌市全市931个权力事项削减办事材料2497项，削减率达41.1%，有45%的部门申报材料平均在3项以下，90%的部门申报材料平均在5项以下。

3. 通过一次叫号和在线预约，让排队办理变得轻轻松松。"最多跑一次”改革前，群众办理不动产登记要在国土、房管、地税三个部门分别取号、分别排队、分别受理。不动产登记实行并联办理模式，实现“一次叫号，一窗受理”，联合窗口一次性收取材料、一次性身份校验，符合受理条件的，统一出具受理申请书。调研发现全省各地纷纷推出了网上和微信等排队预约系统，办事人员可以关注微信公众号，直接在网上排队取号而不用到大厅“干等”，针对不同人群的特点，实行线上线下两种模式的互补融合。目前，椒江区行政服务中心的 37 个部门 400 余项审批事项可使用微信在线取号、预约服务、动态查询、定时提醒等服务。

（二）科学整合办事流程，提高办事效率

根据管理效能原理，随着部门日益分化和专业化，组织层级和边界越多，办事流程和环节越多，需要的信息交换和权力协调就越多，行政系统的效率就越低下。要提高政府办事效率就必须打通部门边界，优化办事流程，减少办事环节，压缩办事时限。

1. 科学界定“一个事件”，实现“多次跑”到“一次跑”的转变。“最多跑一次”是浙江省各级政府提高办事效率战略行动的宣言，群众办理“一个事件”“最多跑一次”，甚至是“零上门”“一次也不跑”，这个量化标准非常清晰。在改革前期，“最多跑一次”主要是从政府部门角度出发梳理的，但是群众办理一件事情往往需要涉及多个部门，如果仅从政府角度来要求，“最多跑一次”就难以实现群众找政府办事“最多跑一次”的目标。2017 年 3 月，浙江省“最多跑一次”改革办公室树立群众导向，站在群众的角度，科学界定“一个事件”的内涵，确立“最多跑一次”的工作对象和量化前提。“一个事件”主要分为几种情形：（1）一个部门一个办理事项。（2）多个部门一个办理事项。（3）一个部门多个办理事项。如企业跨

县级行政区搬迁事宜，需要在变更工商登记前办理企业档案迁移手续，对于这个情况，如果不把它归并为"一个事件"处理，还是会存在提交两次申请材料、跑两次的现象。(4) 多个部门多个办理事项。如不动产登记，涉及交易备案、税款征缴和不动产登记三个办事环节，分别由建设、地税和国土部门办理。后三种情况都是群众的一个事件需要多个部门或环节办理的情况。改革办出台了"最多跑一次"事项梳理通知，要求各地政府按照"群众的一个事件"的标准推进相关办理内容的整合归并，实行综合办理，实现多个办理事项"跑一次"。对于一件事情涉及多个部门、多个办理环节，群众和企业需要"多次跑""多头跑"的事项，要着力打通部门间的办事环节，建立一体化的办事规范和办事流程，推进部门间、环节间的无缝对接、集成办理，实现"一个事件"全流程跑一次。全省多地进行了商事"九证合一"登记制度改革，建立了"一窗受理、内部流转、同步审核、信息互认、多证合一"模式，大大减少企业来回奔波的精力和时间。台州市椒江区"十一证合一"后，全流程审批从 19 个工作日大幅缩减至 5 个工作日，提速 73.68%。

2. 最大限度压缩办理时间，实现"拖得久"向"办得快"的转变。长期以来，政府部门办事拖拉，受理办理事项之后往往按照法律法规核定时间的最高上限，以规避自身的责任和压力，群众和企业对这种最长时间标准的"拖字诀"极为不满。"最多跑一次"改革后，各地政府提高各个办事环节的办事时限，自我加压，办事时限标准由"最长时限"向"最短时限"转变。如果说从"多头跑"向"一次跑"转变是归口效率的提高，那么从"最长时限"向"最短时限"的转变是运行效率的提高。第二个转变巩固了第一个转变的成效，如果"办得快"跟不上，"跑得少"节约出来的效率就在办理环节消耗掉了。青田县华侨回国定居证受理审批实现从原来的 35 个工作日，缩减到现在的 8 个工作日。宁海县推动审批类权力事项平均对外承诺办理时间由改革前的 3.3 个工作日压缩到目前的 1.8 个工作日，总承诺办理提速 87.5%，实际办理提速率达 98%以上。原来办理一笔不动产登记领证至少需要两天时间，杭州市不动产登记实行了“一窗受理、一小时办结”，跑出了“杭州速度”。目前杭州不动产登记实现了国土、地税、房管三部门并联审核，办理时间由原来的串联办理时房屋交易 40 分钟、税收 30 分钟和不动产登记 50 分钟，整体再压缩 50%，做到了房屋交易、税收、不动产登记全流程 60 分钟办结，打造出了全流程“60 分钟领证”的“杭州速度”。在省内办件量更少的地区，甚至 30 分钟到 40 分钟就可以办好此项业务。

3. 最大范围推广网上办事，实现“实体办理”向“在线办理”的转变。著名学者郑永年指出，在帮助中国建立一个现代的治理制度上，信息技术变得很关键。[①] 跨域互联、高效便捷是互联网最基本的技术特征，把互联网作为一种提高政府效率的有效工具加以开发利用，成为当代政府治理实践创新的一个重要趋势。在良好的互联网生态下，“最多跑一次”改革全程渗透着“互联网+政务”的思维，各地充分发挥浙江省互联网技术优势，积极主动推进网络办事的创新探索，加速“实体办理”向“在线办理”的过渡，大大提高了办事效率。舟山市推进服务事项网上申请全覆盖，市本级 80%的事项实现了通过政务网提供网上申请渠道。台州市大力推进线上线下联动，市级行政许可事项外网申报率达到 94.83%。台州市积极适应利用移动客户端随时随地无障碍接入的优势，在全省率先开通浙江政务网台州站移动客户端 APP 业务，473 项事项实现 APP 网上办

① 参见郑永年：《技术赋权：中国的互联网、国家与社会》，邱道隆译，东方出版社 2014 年版，第 49 页。

理，网上办理率达 78.3%。

（三）高效打通办事末端，提高办事效率

"行百里者半九十"，可谓末路之难也。政府公共服务最难的往往是如何打通"最后一公里"的问题。"最多跑一次"改革，坚持过程思维，高效打通办事出口，确保让群众最终享受到改革带来的高效率。政府打出证件、群众拿到证件，群众办事的流程才是最终办结。桐庐县推进商事登记标准化，实现了 10 分钟快速办照，得到了国家工商总局的高度认可。针对企业普遍反映商事登记"交的材料多""等的时间长"等问题，桐庐以信息采集标准化为突破口，开发出"快速办照系统"，系统自动生成全套申请资料，企业设立登记效率首次实现从"天"提升为"分钟"。桐庐"10 分钟快速办照"系统现已在全杭州推广，同时被西安、沈阳等多地借鉴采用。湖州市建立了全市范围内 24 小时送达系统，为网上办事大厅和实体办事大厅提供线上线下全方位跨区域快递送达服务。就全省范围看，仅 2017 年上半年通过快递送达办理的业务已经超过了 200 万件。各地通过证件快速制作系统和快递限时送达系统建设，实现群众"二次上门取件"到"足不出户收件"的转变。

三、部门协同取得突破

政府机构是按照分工和专业化原则设置和运行的，而人民群众的需要和事项则具有系统性和链条性的特征，因此政府公共服务供给侧的碎片化与公共服务需求侧的整体性之间的矛盾，成为政府和公民无缝对接的主要障碍。"最多跑一次"改革，紧紧围绕实现人民群众"一件事"到政府部门"跑一次"或"零次跑"的目标，打通

部门间协同的堵点，弥合了部门间合作的“断点”，构建了整体性政府的运行机制和流程，部门协同取得重大突破。

（一）通过机构整合促进了部门协同

机构整合在推进整体性治理中具有长远性、根本性和全局性，机构和制度一旦建立就要求保持稳定性、常态化，这对推进部门协同具有关键性意义。推进“最多跑一次”改革的关键就是选准突破口，这个突破口就是“一窗受理、集成服务”。在“最多跑一次”改革中，机构整合促进部门协同主要是通过服务中心整合和业务板块整合实现的。浙江省是全国最早建立行政服务中心的省份，但在“最多跑一次”改革之前，这些行政服务中心大多数停留在“每个部门分别到办事大厅开设一个窗口”的初始阶段，窗口数量多、办事流程长、信息不共享等问题不同程度地存在。2016 年 9 月，衢州开展了“一窗受理、集中服务”的改革试点，通过一窗受理改革，行政中心前台全部变为受理窗口，受理后的分类、转交、办理等流程在后台完成；能办理的当场办结，不能办结的办结后快递送达。截至 2017 年 3 月，全省所有县市的行政服务中心都完成了“一个窗口受理”改革，“一窗受理”整合为“最多跑一次”改革奠定了部门协同的组织载体。宁海县通过权、人、事整合推进了办事窗口的“化学融合”，破解了一窗受理“貌合神离”的难题。通过“权合”改革，同一窗口的各部门将行政审批事项“受理权”统一委托给县审管办，由县审管办统一调配受理业务，改变了“各管各事、各找各妈”的分散状态。针对部门业务专业性强、跨界受理审批难的情况，宁海县分类设立商事登记、基建项目、社会民生 3 个综合受理区，对应设立了 3 个受理组，抽调业务骨干，按照人随事转原则，统一划转日常管理，通过“人合”改革，改变“忙闲不均、业务不通”

的非常状态。从群众办事角度出发，按照“最多跑一次”要求，重点梳理19个行业的19件事，融合同行业需要办理的不同事项，通过“事合”改革，改变了“一事多跑、跨部门跑”的闹心状态。杭州市不动产登记，由国土、房管、地税安排受理人员，三部门共同设置了“房屋交易与不动产登记受理窗口”，为各行政中心“一窗受理、集成服务”提供了杭州样本。专业化分工和条块分割管理造成政府处理行政审批和提供便民服务时暴露出严重的碎片化倾向，通过部门整合最大限度地避免政府职能交叉、政出多门、多头管理、相互扯皮的弊端，在推进“最多跑一次”改革中得到有效的检验：(1) 实现由部门间协作到部门内合作。原本互不隶属的部门通过统一整合，实现无缝对接，减少了利益冲突，实现了统一领导，减低了协调成本，理顺了合作协同的组织体制。(2) 实现管理责任内部化。改革之前，行政审批和公共服务往往会涉及多个部门，责任难以清晰明确，遇事相互推诿，最终导致“集体不负责任”。部门整合之后，实现权责一致，这就从体制上确立了明确的责任主体，不管哪个事情出了问题都有相应的部门承担责任。

(二) 通过流程再造促进了部门协同

在既定的组织架构下或组织架构改革稳定之后，从政府过程的角度，建立跨部门、跨层级的协调机制就成为促进部门系统的另一个选择。在“最多跑一次”改革中，业务流程再造强调以业务流程为改造对象和中心，以群众、企业需求和满意度为目标，凭借现代化的信息技术和管理手段，通过对现有政府流程的重新设计，最大限度地实现组织的功能集成和职能集成，从而输出整体性的治理和服务能力。“最多跑一次”改革深入推进后，不动产登记由原来的三部门串联审核变成了并联审核，实现了不动产登记的流程再造。在并联审核阶段，房管部门在国土部门登记之前将房屋交易确认信息传递给国土部门，交易确认未通过的，不予记载记簿。房管部门将交易确认信息传递给地税部门，地税部门凭交易确认信息办理税收手续。三个部门协调配合，集成服务，办事群众只要等在一个窗口就可以办理全部业务。在审核过程中，房管、地税、国土部门根据受理窗口业务实际进行合理分工，遇到问题共同研讨、协调，确保工作目标方向一致、解决问题措施合理有效。在整个并联审核过程中，三部门按照各自责任进行认真审核，严格把关，并对各自事权设置、流程设置、办事时限承担相应责任。嘉兴市在行业经营综合许可中推行了联合勘察改革，减少重复勘察和勘察结果冲突的弊端，为一体化改革奠定了基础。嘉兴市还制定了行业联合勘察标准化清单，合理设计勘察方案，统筹组织专家评审，协调部门联合勘察，多个事项一次勘察，整改意见一口告知，整改情况一趟复审。湖州市深化企业投资项目审查复核流程，抓住开工和竣工两个关键环节。开工环节由业主委托中介对建设、人防、消防施工等进行“多审合一”的审查，经政府备案后准予开工建设。政府根据业主报备的验收报告，组织综合评估，复核业主是否兑现承诺事项，通过复核的即允许正式投产。业务流程再造具有灵活性、机动性强的优势，它为处理某一个或某一类的具体问题而专门设计，目标指向明确、职责配备全面，而不涉及现存政府机构大的变动，政府变革阻力较小。只要出现被认为值得关注、需要解决的新问题新任务，相应的流程变革就可根据实际而灵活启动，并可随着任务问题的解决而废止。

（三）通过技术创新促进部门协同

无论是公共组织变革还是政府机制流程重塑，都具有超乎寻常的敏感性，也受到过不少阻力。正是在这种背景下，蓬勃发展的互联网成为倒逼治理创新的新生力量，互联网技术在推进"最多跑一次"改革过程中呈现出了独特优势。以互联网为元平台、元工具的技术创新，是促进部门协同的催化剂和驱动力。早在数字政府时代，互联网已经具备了实现政府跨部门协同的技术潜力。鲍利特认为，推进协同政府至少有 3 种障碍：第一种障碍是协同政府与现有政府主导的绩效管理之间的矛盾；第二种障碍是责任问题，跨部门的管理和网络治理形式的使用，经常会碰到需要澄清责任范围的问题；第三种障碍是在引入协同治理过程中无意识地产生出的一系列新的组织领地。[①]"最多跑一次"改革，借着升级版的"智慧政府"，实现用数据流引导政府资源流、权力流向服务流的顺畅转换。政府通过网络技术平台和大数据共享，将各种公共服务或审批流程集中起来，加速推进了服务共享和跨部门并联办公。通过公共服务的网络化集成，不同层级、职能关联的部门间壁垒被拆除、前台界面和后台服务融合一体，原本分立、扯皮的政府机构变成一个浑然一体的有机整体。第一，部门间实现了数据共享。为满足"最多跑一次"改革的需要，2017 年 3 月，浙江省数据中心公布了第一批《省级公共数据共享清单》，向各级政府机关、行政服务中心开放 29 个省级部门、2600 项公共数据共享权限，为精简办事环节和材料、再造政务流程、促进并联审批创造了条件。截至 2017 年 8 月，全省已经开放 57 个省级部门、3600 项数据的共享权限，数据共享需求梳理和需求清单制定将在 2017 年 12 月前全部完成。第二，实现了机构间的弹性整合。整体性政府是一种通过横向协调和纵向协调的行动以实现预期

---

① 参见［英］鲍利特：《重要的公共管理者》，孙迎春译，北京大学出版社 2011 年版，第 75 页。

利益的政府治理模式，政府机构功能的整合是其精神实质。[①] 互联网具有虚实结合的特征，可以在不增加实体机构的前提下实现弹性化协作。互联网的超级链接功能，可以跨距离跨层级实现协同，而不必增设专门的实体性协调机构。目前，浙江省已经完成了“一窗受理”平台建设，11 个市、58 个县（市、区）已经正式启用，市县各业务系统实现了与省级“一窗受理”平台联通，受理和出件两大环节都纳入了政务网统一监管。第三，实现了标准化的跨界联办。标准化是促进政府协同的重要前提和有力工具。杭州市通过不动产统一登记信息平台，将分散在房管、国土等不同来源、不同结构的数据进行了标准化整理，在群众申请办照前，预先形成基础数据成果，从技术上确保不动产登记的权属合法、界址清楚、面积准确。温州市在商事登记领域推出了 11 个网上跨界联办事项，将原来在市、县审批中心分别办理的营业执照和市场准入许可审批直接在市或县商事登记综合窗口实行“一次性受理、网上审批、证件快递送达”。总之，在“最多跑一次”改革中，“互联网＋政务”的技术创新，为实现从群众“找部门”到“找政府”的转变，发挥了支撑和催化作用，推进了整体性政府的实现。

四、政府建设全面提升

政府治理体系和治理能力现代化是国家治理体系和治理能力现代化的最主要的载体和核心内容。“最多跑一次”是“放管服”改革中的一场政府自我革命，是“以人民为中心”发展思想的浙江探索。浙江省以此为切入点和突破点全面推进政府现代化建设，推进各级

---

① 参见曾维和：《当代西方国家公共服务组织结构变革：基于服务需求复杂性的一项探讨》，中国社会科学出版社 2010 年版，第 192 页。

政府治理体系和治理能力的全面提升。

（一）“最多跑一次”改革推动了服务型政府建设

提供优质公共服务是现代化政府的核心职能，打造服务型政府就要求政府把职能重心转换到提供优质公共产品、高效公共服务和优良公共空间上来。“最多跑一次”始终践行“以人民为中心”的服务理念，以不断提高群众的获得感为出发点，以大力消除群众的痛点为切入点，有力地推动了浙江服务型政府建设。“最多跑一次”改革坚持放管结合、放管并重，以最明确、可量化的高标准，倒逼各层级各部门减权、放权、治权和优化服务，做到服务零距离、监管不扰民，更多依靠网络让群众“不跑腿”，致力于将浙江建成“审批事项最少、办事效率最高、政务环境最优、群众和企业获得感最强”的省份。五年来，浙江省委、省政府通过“五水共治”“三改一拆”等战略推进了“美丽浙江”“诗画江南”建设。在此基础上，省委、省政府又提出“全域建成大景区”的战略目标，大力推进美丽城乡建设，为全省人民营造了一个绿水青山的发展硬环境。全面推进“最多跑一次”改革，开辟政府服务人民的新境界，政府甘做“划桨人”回归人民公仆角色，甘做“店小二”无缝服务企业，这无疑为全社会提供了最有亲和力、吸引力和竞争力的发展软环境。21 世纪的区域竞争是综合实力的竞争，其背后是综合环境的竞争，其中，又以综合服务的竞争为重。“最多跑一次”改革，锚定了政府的服务对象和服务标准，强化了政府的服务理念和服务责任，提升了政府的服务能力和服务质量。竞争是深化改革的竞争，也是制度环境和制度供给的竞争。“最多跑一次”改革是改革强省的突破口，这项改革在提供优质制度供给上率先发力，大大提升了浙江各级政府的竞争力，为当代中国服务型政府建设提供了浙江样板。浙江推进“最多跑一次”改革，为企业和群众提供更优质服务的理念和做法，得到了党中央和国务院的高度肯定，李克强总理专门作出了重要批示，并在全国深化“放管服”改革会议上充分肯定了浙江实践。中央电视台播出《将改革进行到底》第三集也专门介绍了“最多跑一次”改革。显然，这项改革已经成为当前浙江全面深化改革的“金字招牌”。

(二)“最多跑一次”改革推动了法治政府建设

法治是现代政治文明的支柱，是现代化政府最基本的特征。早在2006年，中共浙江省委十一届十次全会就已审议通过《中共浙江省委关于建设“法治浙江”的决定》，浙江省率先吹响了建设法治政府的号角。牢固树立宪法和法律法规在政府运行、管理和服务过程中的地位，坚持依法行政、依法改革是法治政府建设的基本内容。“法无授权不可为，法定职责必须为”是对法治政府最本质的规定。2013年底，浙江省启动了“四张清单一张网”的政府改革，重点解决政府权力不作为、乱作为等突出问题，找到了打造法治政府的切入点。根据“法无授权不可为”的原则，各级政府进行了权力梳理，通过清权、减权和晒权，建立政府权力清单制度，确保清单之外再无权力，有力做到了权力“瘦身”。根据“法定职责必须为”的原则，各级政府建立全覆盖的责任清单、责任清单动态调整机制、责任履行监督机制，确保全部责任进清单，有力地做到了责任“强身”。“最多跑一次”改革是浙江省推进行政审批制度改革与“四张清单一张网”改革的再深化和再推进。这项改革以人民为中心、坚持问题导向、回应群众期盼，为践行“法无授权不可为，法定职责必须为”的法治精神找到了现实路径和衡量尺度。法治政府不仅要求政府依法行政依法履职，而且要求政府主动作为，依法改革，不断深化行政审批改革，提高公共服务的规范化、标准化水平，着力解决懒政怠政、权责交叉、推诿扯皮、效能低下等问题，建立权责一致、权威高效的现代政府体制机制，推进政府治理体系和治理能力现代化。党的十八大提出要让法治成为治国理政的基本方式，政府改革创新也必须有法律依据，做到"先立法后改革"，依法改革成为现代政府的一项重要能力。"最多跑一次"改革以来，浙江省政府和各职能部门先后出台了《浙江省公共数据和电子政务管理办法》《浙江省人民政府关于印发加快推进"最多跑一次"改革实施方案的通知》等政策文件 16 项，这些规范文件在"最多跑一次"改革中发挥着"清障车"和"指南针"的作用，有力地保障和引领了本项改革的深入推进。"最多跑一次"改革在实施过程中，坚持"标准化＋"思维，制定了"最多跑一次"事项标准，科学确定"一件事情"的标准和事项梳理口径。2017 年 5 月，浙江出台了《政务办事"最多跑一次"工作规范》等地方标准，通过"标准化＋"战略，确保"最多跑一次"在制度化、程序化、规范化、科学化的轨道常态化运行，有效地解决了权力任性、责任随性的问题。

（三）"最多跑一次"改革推动了责任政府建设

责任政府是现代政治的基本价值理念，政府对人民负责是责任政府的根本要求。责任政府意味着政府能积极地回应、满足和实现公民的正当要求，同时责任政府也意味着一套对政府的控制机制。[①]然而由于政府本身所具有的利益动机、政府权力的膨胀性、政府责任的模糊性等问题的存在，如果没有一套严密的政府责任保障机制，政府是很难履行责任的。因此，建立一套政府责任规范与问责保障

① 参见张成福：《责任政府论》，载《中国人民大学学报》2000 年第 2 期。

机制是责任政府的基本要求，同时对政府的问责也是责任政府的核心与实质。[①] 浙江省把推进“最多跑一次”作为当前各级党政领导抓改革的主要任务，要求各级党政领导，做到重大方案亲自把关，关键环节亲自协调、落实情况亲自监督。而对于“最多跑一次”改革中的业务部门和窗口服务工作人员则要建立全程式、立体化的监督网络，确保责任到岗、到人。第一，通过政府内部绩效考核机制，传导责任压力。全省各地建立各式各样的政府大数据绩效考核机制，详细记录每位工作人员办理民情事项、行政事项的数据、质量和时长，自动生成绩效评价，那些超过承诺时限和次数的行政行为直接拉低了个人绩效等级，产生了良好的倒逼压力。第二，通过群众的服务评价机制，倒逼工作人员提升服务质量。各地网络办事界面大多设置了群众反馈评价选项，办事人员根据网络办事体验进行自主评价，网络远程评价较少受面对面压力的干扰，办事群众的评价更加真实，这对工作人员的压力要比柜台大得多。第三，通过大督查机制，形成联合监督机制。全省各地建立“最多跑一次”联合督查组，线下办理和现场办公都被纳入督查范围，联合监督和效能问责直接关联，产生了实实在在的监督压力。在多重监督网络下，群众办事的效率、质量、体验都有了很大的改观，群众的获得感和满意度提升很大。2017 年 9 月 4 日，千客电子商务公司工作人员吴某到浙南科技城综合服务大厅委托办理工商注册登记事项。9 月 11 日，吴某收到了来自进驻在综合服务大厅的代办机构索要加急办理费用 3000 元的信息，千客公司认为费用过高，没有支付加急费用，并向温州市纪委投诉。代办机构向企业收取加急办理费用，增加了企业负担，违背“最多跑一次”改革宗旨，严重影响了当地营商环境，

① 参见韩兆柱：《责任政府与政府问责制》，载《中国行政管理》2007 年第 2 期。

温州市委书记亲自批示纪委查处。温州市纪委立即依纪依法介入调查，按规定对6名相关责任人作出了严肃处理，并责令温州市市场监管局对工作流程、队伍管理、服务措施等方面进行自查整顿，对全市办证类中介代理结构进行清理整顿。要实现从静态的政府责任向动态的政府回应的转化，最核心的环节是政府问责体制机制。政府问责制度在"最多跑一次"改革落地生根、开花结果过程中起到了有效的威慑和激励作用。对不作为而言，它是一种威慑与惩罚；而对积极作为而言，它是一种激励与保障。

（四）"最多跑一次"改革推动了智慧政府建设

智慧政府就是基于公共属性所构建的智能化政府，[①] 是电子政务发展的新阶段。智慧政府是以顾客需求为导向，以提高政府服务社会和公众的整体能力为最终目的。它的基础是大数据应用，核心是感知与响应。当前，中国智慧政府建设的最大短板和堵点就是公共数据部门化，导致严重的"数据鸿沟""信息孤岛"和"数据烟囱"等问题。长期以来，各级政府将具有重要价值的信息数据分散存储于各个职能部门，出现部门将公共数据为己有的局面，而智慧政府要真正运作起来则要求实现信息公开和资源共享，打破公共信息管理机制"碎片化"。"最多跑一次"改革，关键在于通过数据整合"让数据跑路"，而且是按程序跑。最终目的就是通过大数据的技术变革潜能撬动政府治理方式转型，提升政府治理的现代化水平，实现政府的智慧治理。"最多跑一次"改革以来，省级有关部门在跨部门跨层级的业务流梳理、数据流梳理、"一窗受理"系统对接、部门联动工作机制等方面取得了新进展。其中，具有里程碑意义的是，2017

---

① 参见陈桂龙：《汪玉凯："互联网＋政务服务"是打造智慧政府的新路径》，载《中国建设信息化》2017年第1期。

年2月通过、5月开始实施的《浙江省公共数据和电子政务管理办法》。这是国内第一个省级公共数据和电子政务管理办法。该办法主要是围绕公共数据和电子政务领域的诸多难点、痛点问题，在制度层面予以破解，对浙江智慧政府发展具有根本性和长远性的重大意义。站在新的起点上，今后浙江省将集中精力在打破信息孤岛、实现数据共享上取得突破。第一是深化顶层方案设计。按照“技术融合、业务融合、数据融合”的要求优化总体方案，加强对“最多跑一次”事项、项目流程、统一受理系统的顶层方案设计，特别是系统梳理“数据串—数据仓—数据库”及公共数据共享平台，推动系统不断优化。第二是细化、量化进度目标。按照“全打通、全归集、全共享、全对接”和“规范化、全覆盖、全联通、全在线”8个量化目标，落实好改革任务和时间节点。第三是全面梳理企业投资项目审批流程。加快企业投资项目审批改革和审批事项标准化，加快应用企业投资项目在线审批监管平台。第四是抓紧推进数据平台对接。重点推进部门业务系统与“一窗受理”平台对接，与中央直属机构部门的系统互联互通，完善基层治理“四个平台”，与政务服务网对接。第五是加强数据技术支撑。建立“数据共享”标准体系和公共数据交换共享平台，深化网上办事、快递送达。以“最多跑一次”改革为契机，浙江省各级政府紧紧依托浙江智慧产业、智慧城市、智慧政务的先发优势，打造地方政府智慧行动的示范区，加快抢占中国智慧政府发展的制高点。

第七章　改革深化：“最多跑一次”改革的瓶颈突破

“最多跑一次”改革直面长期以来困扰“放管服”改革的突出问题和关键难题，注定是一场攻坚战和持久战。经过一段时期的实践，传统公共管理中的体制、机制瓶颈逐步浮出水面，需要拿出更大的勇气、以更大的智慧加以突破。如果能够持之以恒、步步为营，浙江的政府建设必将产生质的飞跃。

一、顶层框架有待完善

当前，“最多跑一次”改革正处于从破题向纵深、从倒逼到主动、从量变到质变转变的关键阶段。此时，完善“最多跑一次”改革省级层面的顶层框架，对于突破改革瓶颈、提升改革质量具有重要作用，尤其对于充分发挥市、县、乡三级政府的积极性、主动性和创新性，撬动“放管服”改革其他方面，促进改革落地见效具有十分重大的意义。

（一）事项清单及办事指南规范化程度有待提升

爱因斯坦曾经说过：“如果没有界定范畴和一般概念，思考就像在真空中呼吸，是不可能的。”对于“最多跑一次”改革而言，“最多跑一次”事项清单及相应的办事指南就是规定改革范畴和操作程序的手册，同时也是政府对社会的承诺书。目前，尽管全省各级政府均已公布事项清单及办事指南，然而事项清单标准不一致、范围不准确、上下不统一，办事指南实用性、规范化程度不高等问题在一定程度上仍然存在。为了解决上述问题，加强事项精细化管理是关键，这就需要省级部门加强统筹协作，提升事项清单梳理及办事指南编制规范化程度。具体而言，可从以下几个方面进行提升：

1. 进一步明确“最多跑一次”事项范围。尽管《政务办事“最多跑一次”工作规范》第一部分《总则》规定“最多跑一次”的事项范围为行政权力清单和公共服务事项目录中的事项，并明确行政处罚、行政强制等依职权的行政行为不宜列入事项清单。但是，行政权力中的行政征收、行政裁决同样是行政机关依据职权所采取的带有强制性的行政行为。此外，对于涉政中介服务是否需要纳入事项清单，目前尚未明确，社会各界对此也持有不同看法。为此，建议相关省级部门进一步细化明确“最多跑一次”事项范围，就行政征收、行政裁决、涉政中介服务等事项是否纳入事项清单，以及何时纳入事项清单作出权威规定。

2. 进一步完善省级部门办事事项指导目录。各省级部门应根据群众和企业的办事需求修订完善本部门《全省系统群众和企业到政府办事事项指导目录》，形成标准统一、口径规范、内容完整的指导目录。在办事事项指导目录的审核方式上，除了由省编办审核外，可适当吸收外部力量（如专家学者、人大代表、政协委员、基层政府官员等）协助审核，从而提升办事事项指导目录的科学性、合理性及可操作性。

3. 公布“最多跑一次”办理事项“负面清单”。建议各省级部门在修订完善办理事项指导目录的同时，梳理本系统短期内无法实现

“最多跑一次”的办事项目，说明主要理由、流程优化措施及将来是否可以实现“最多跑一次”，以合理引导社会预期。

4. 进一步规范办事指南。各省级部门应尽快制定本系统全省统一的办事指南，明确办事受理条件、办事所需材料及办事时限等，尤其对涉及多部门、多环节的事项还应明确办理的牵头部门及部门间的配合机制。

（二）大数据平台建设有待深化

通过努力，浙江政府部门数据整合共享取得一定进展，有力支撑了“一窗受理、集成服务”改革与“互联网＋政务服务”的推进，然而，目前的数据共享水平与“最多跑一次”改革的要求仍有一定距离。一方面，层级间、条块间网络联通不畅的现象仍普遍存在，数据共享效率较为低下，甚至无法共享。另一方面，数据共享还停留于依靠申请共享、人工推送且数据格式单一的较低层次，往往需要耗费人力“二次输入”、格式转换及检查比对。在这种情况下，建设全省统一、集中共享的大数据平台无疑是提升数据共享水平的有效方式。首先，应组织开展办事需求梳理，厘清数据共享需求。可由省数据管理中心汇总、梳理、分析各省级部门和各地区的办事需求，并同步明确各省级部门和各级政府的数据提供责任，在此基础上扩展完善省级公共数据共享清单，编制市县级政府公共数据共享清单。此外，应加快制定“公共数据部门共享”地方标准，细化规定数据共享的情形、方式、途径等。其次，深化大数据平台建设，拓展数据共享应用范围。应按照“最多跑一次”改革的时间节点要求，尽快建成全省统一的人口信息库、法人信息库、电子证照库、办事材料共享库、信用信息库等，并争取国家部委和垂直管理部门开放数据接口，在此基础上完善省市县三级全覆盖的公共数据共享平台和交换平台，与此同时加快部门自建系统的改造升级和对接联通，以实现可共享信息的自动提取。

（三）“互联网＋政务服务”配套支撑体系有待健全

“互联网＋政务服务”作为服务群众和企业的在线智慧政府，其有效运行需要一系列配套体系的支撑。为了让“最多跑一次”改革更加有效落地，实现让更多办事事项从“最多跑一次”到“一次不用跑”，还必须进一步健全“互联网＋政务服务”的配套支撑体系。一方面，加快电子证照、电子印章、电子文件归档的技术支撑体系研发，同时，相关省级部门要制定出台电子印章、电子文件归档应用的实施细则，明确相关技术的应用场景和操作程序，促进线上线下政务服务平台的融合与流程再造。另一方面，应深化全省统一行政权力运行系统的开发和应用，实现更多行政权力、公共服务事项全流程网上运行，推动更多政府部门使用统一平台开展审批业务，并不断扩大电子监察系统覆盖面。

（四）办事咨询服务体系建设有待加快

申请材料齐全是群众和企业到政府办事“最多跑一次”的前提条件，而群众和企业办理事项时申请材料是否齐全则与咨询服务体系有直接联系。换句话说，健全、完善的咨询服务体系，详细、准确的咨询解答服务，是促进群众和企业到政府办事“最多跑一次”的重要保障。然而，当前办事咨询服务体系建设存在高质量办事咨询服务有效供给不足和咨询渠道过多过滥等突出问题，集中表现为“12345”政务服务热线咨询功能发挥不足，移动端政务服务 APP 及微信公众号过多导致部分办事群众难以选择。为了解决以上问题，进一步优化政府公共服务：一是要加强“12345”政务服务热线建设，加快更新完善与“最多跑一次”改革相配套的知识库，并加强对热线工作人员的培训，从而为群众办事提供详细、准确的咨询解答服务；二是要打造全省统一的移动政务服务平台，重点建设浙江政务服务移动客户端，逐步整合各地各部门自行开发的 APP 及微信公众号，加快构建全省统一架构、分级运营的移动政务服务平台，为群众提供一站式、集成化的移动端政务咨询服务。

（五）法律、法规、规章“立改废”步伐有待加快

随着“最多跑一次”改革的开展和不断推进，现行法律、法规、规章的部分条款已无法适应改革的要求，甚至直接阻碍了改革的深化。为了使“最多跑一次”改革能够顺利进行，必须进一步强化改革的法制保障，加快法律、法规、规章的“立改废”步伐。建议省人大和省政府在听取社会各界意见的基础上定期修改、废止一批与“最多跑一次”理念不相符的地方性法规和行政规章，并通过新立法规、规章固化改革经验。2017 年 9 月 15 日召开的省政府常务会议决定，废止 5 件省政府规章，10 件作部分修改，4 件将全面修订，为深化“最多跑一次”改革铺平了道路。在此基础上，对于与“最多跑一次”相冲突的国家法律法规或部委规章，应尽快提请国家层面进行修改，并申请在浙江省域范围内暂停适用。尤其值得注意的是，目前各地行政服务中心窗口受理人员大多为编外人员，这些编外人员实际上承担了行政机关工作人员的部分职责，而这种做法并未得到明确允许，处于法律法规的灰色地带。针对这一问题，建议省级层面尽快明确窗口受理编外人员的法律地位，制定针对这部分人员的培训指南和培训大纲，并出台工资待遇、福利保障方面的指导意见，从而加快打造一支“能力全、业务精”的受理人员队伍，并且能“留得住、用得好”。

二、网络办事有待深化

浙江“最多跑一次”改革的减法在很大程度上需要“互联网+”这个加法来支撑。这是一场充分运用“互联网+政务服务”和大数据，让数据多跑腿、让企业和群众少跑腿的改革，其实质就是用大数据推动政府治理方式转型，提升政府治理能力，有力倒逼政务服务网的建设再上新台阶，实现政府治理数字化。

（一）推进网上办事的做法与成效

根据2017年国家行政学院开展的省级政府网上政务服务能力调查评估报告显示，浙江省网上政务服务能力尤为突出，再次位列全国第一。浙江“互联网+政务服务”取得的主要成效如下：

1. 升级云平台和电子政务服务网，完善“互联网+政务服务”基础平台。其表现：一是加大智慧建设力度，提升网络信息设施建设。浙江省多地都在教育、卫生、社保等重点民生领域加大智慧建设力度，大力推进网上便民服务，取得了积极成效。二是积极搭建各种平台，方便群众网上办事。为进一步加快移动政务服务平台建设，浙江省各地积极推广门户网站、手机APP、微信公众号预约办事服务，方便群众网上办事。例如，嘉兴市通过搭建业务应用平台、信息资源平台和电子政务平台，推进一窗受理、一表填写、一网通办、一库共享“四个一”建设，实现全市所有镇（街道）和村（社区）网上服务站全覆盖，加快“全科网络”建设。三是推进“一网通办”。积极推动全流程网上办理，按照“在线咨询、网上申请、快递送达”办理模式，综合运用电子印章、电子证照、快递收发、线上支付等手段，全面推动政务服务网上办理。

2. 建立网上预审平台和咨询系统，推进"互联网＋政务服务"模式创新。其表现：一是通过网上预审服务，实现网上服务申请全覆盖。申请人通过预审平台提交材料图片，由各部门专业人士在线审核，如符合要求即可办理；对于需要补充材料或者材料有疑问等情况，都可以在线进行指导。二是新增政务服务智能问答机器人，完善网上咨询系统，实现智能机器人的自我学习与交互应答，为网上网下政务即时咨询服务提供技术支撑。三是提高服务事项网上办理覆盖率，已形成覆盖行政许可、行政处罚、行政征收、行政给付、行政裁决、公共服务等领域的"在线咨询、网上办理、证照快递送达"的运行机制。例如，台州临海市充分利用"互联网＋税务"，强化"机器换人"办税功能，建立了浙江省首个国地税自助专厅，提供 24 小时全天候服务，基本形成了"网上办税为主、自助办税为辅、窗口办税兜底"的服务新格局。

3. 完善配套制度，大力推进数据共享开放。为了加快各部门行政权力运行系统联通整合，浙江省加大了建设统一的办事信息库、电子证照库力度，大力推进数据共享开放。通过完善电子印章和电子文件系统建设方案，建立电子文件和证照信息共享机制，大力推进公共数据整合和共享利用，建设公共数据平台和统一共享交换体系，以数据共享促进流程优化、业务协同。例如，嘉兴市及时出台了各类配套改革方案，先后颁布《关于加快推进基层治理体系"四个平台"建设的通知》《嘉兴市 2017 年"互联网＋政务服务"暨政务服务网工作方案》《"最多跑一次"办事事项服务指南、业务手册编制规范》等文件，明确工作职责、任务要求、责任部门及时间进度，使之可量化、可考核、可追责，并强化各项各个举措的全面落实，确保各项任务全面完成。

4. 落实智慧监管，完善网上评价反馈机制。在政务服务网上建立“最多跑一次”公众评价反馈机制。对每一服务事项、每一办件的具体落实情况，提请办事对象开展满意度评价，既接受群众和企业监督，又全面纳入平台的在线评价和电子监察。通过多种方式获取办事对象的真实感受，合成群众和企业对改革的满意度指数，形成评估报告，对标作战，进一步提升群众和企业的获得感。

（二）网上办事面临的主要问题

“最多跑一次”改革取得了初步的成效，但随着改革的深入，一些深层次问题也浮出水面，严重制约了网上办事的深度和广度，也影响了“最多跑一次”改革的推进。

1. 数据规范、归集建设标准不统一，数据共享平台服务清单不明晰。其表现：一是市县级“最多跑一次”数据归集事项清单尚未完全规范。虽然省级已经出台了“最多跑一次”网上办事指导目录，但是尚未正式出台市县级“最多跑一次”数据归集事项清单，全省各地网上事项梳理没有统一规范，对实现标准的理解也因各地实际情况的差异而不同。二是各地市数据库的建设与发展程度也很不平衡。少数县市在数据库建设上仍处于初级阶段。当前的确还存在比较严重的“数据鸿沟”“数据壁垒”和“信息孤岛”问题，成为推进“最多跑一次”改革的最大堵点。

2. 业务系统间缺乏有效协同，数据互通共享尚有距离。其表现：一是目前各地基础设施建设条块分割，网络互联互通不畅，互联网信息交换短板依然突出。省级层面各业务“条线”信息系统种类繁多，技术复杂，与统一的政务服务网平台对接整合技术难度大，打破“信息烟囱”壁垒、推进数据共享的任务依然艰巨。二是信息受理人员的业务能力还存在很大的提升空间。目前大多数窗口受理人员都来自某一个部门，短时间内对其他部门受理材料窗口受理的相关要求还需要一个熟悉的过程。同时，部分工作人员"小窗口、大政府"的服务理念还没有完全转变。三是一些部门的核心数据资源开发利用滞后，难以有效共享。例如，公安部门采取垂直管理模式，要实现横向部门间的数据互通就很难。

3. 信息安全防范机制尚未健全，网上办事存在系统风险。目前在网上办事、信息互通、数据共享的过程中，信息安全、数据保护仍存在隐患。其表现：一是信息流的汇集加大了安全风险。网络办事是以海量密集的信息流为中介的。在办事过程中，政府信息流同公民信息流、企业信息流需要进行快速比对、交换、转化。个人、企业、犯罪集团甚至政治势力等，都有可能出于趋利动机或其他目的对此进行窥探、染指、破坏。二是仍有不少部门的网上信息没有安全分级。网络办事数据库没有委托有资质的专业网络公司或提交上级信息机构统一存储，且没有明确的信息安全管理制度。一旦发生数据非法访问、泄露、篡改、病毒植入，后果不堪想象。

4. 省级保障机制尚未健全，网上办事有效运转受到制约。其表现：一是网络办事规范化、标准化尚有差距。虽然省级出台了"最多跑一次"网上办事事项指南，要求权力事项完全按照省目录来调整，但省目录还不完善，有些省级部门还没提供最后定稿的目录，只提供了基础目录，这些目录也在不断修改完善，导致各地事项梳理变动比较频繁，缺少统一规范，随意性依然很大。二是省级文件对公共事务网上审批事项和审批标准仍存在模糊性表述和隐性审批条件，基层政府在实际操作过程中很难自行取消。三是目前"互联网+政务服务"的整体推进速度还无法满足当前改革的需求。资料流转还是以线下、纸质为主，效率不高；电子证照库还未建立，电子印章、电子文件应用还没有发挥作用；大数据分析技术还未真正起步；浙江政务服务网公布的信息还不够详细、精准，无法让申请人方便地一次性做到“材料齐全、符合法定形式”要求。除此之外，由于服务网建设涉及多家软件公司，各开发公司之间责任不清、互相推诿，造成网上数据互通不畅，未能实现网上信息互联共享，制约了改革的推进。

(三) 攻坚推进网上办事的对策建议

在新阶段的“最多跑一次”改革过程中，为全面深入推进网上办事，提高网上办事覆盖面，提升网上办事效率，应该围绕浙江公共数据和电子政务建设的堵点、痛点和难点问题，精准发力，攻坚推进。

1. 攻克堵点，加快打通“信息孤岛”，实现数据共享。其基本要求：一是切实强化整合互通，为“一网通办”改革提供技术支撑。“一窗受理”改革的前提是“一网通办”，必须加快实现业务部门信息系统、数据资源的整合互通。网络互通是系统对接、数据互通的前提。二是打通条块信息系统。针对“一窗受理”改革涉及诸多部门并联业务的需求，兴建“一窗”综合受理系统平台。平台以浙江政务服务网为依托，部署在云上，分两部分，即业务共享云平台和“一窗受理”云平台。省级部门自建垂直管理系统将采用系统接口直连的方式与业务共享云平台对接，实现业务数据实时接收和反馈；各区市建设“一窗受理”云平台，部署在省专有云上，除与本市部门自建垂直管理系统连接外，向上与业务共享云平台对接，向下与所辖市区系统对接。

2. 加大对浙江政务服务网的宣传力度，切实提高群众和企业网上办事率。其基本要求：一是不断完善全省统一的网上政务服务平台。推进“互联网+政务服务”，推行网上申请、一次核验、快递送达等办理方式，通过线上线下的融合互动，实现政务事项“一网通办"。二是不断完善实时畅通的政务咨询投诉举报平台。将各类非应急的咨询投诉举报热线和来信、来访、网上投诉举报统一整合，实行"一号接听、一网受理"，做到平台受理、部门办理、同步监督、群众评价，方便受理群众、企业办事咨询和投诉。

3. 推动网上监管模式再创新，网上服务方式再优化。网上办事是政务服务的一场革命，它是政府理念、职能和流程的重塑和升级。这需要一系列的改革和条件支撑：一是完善诚信体系。将企业、中介、个人全部纳入征信系统，建立失信惩戒机制和"黑名单"制度，将网上办事数据与社会信用体系挂钩，真正做到一处失信，处处受限。二是创新监管方式。运用物联网、大数据、云计算等信息化手段创新和加强监管，同时建立第三方事后评价制度，提高监管效能。三是提升信息化水平。深化系统对接、数据共享、电子证照库建设应用，实现网上咨询、在线申报、在线预审、在线办理、在线支付、在线归档保存。

4. 信息安全保障再强化。其基本要求：一是对政务云、权力运行系统、行政服务中心网站、办事大厅网络进行三级等级保护测评，确保网络和信息安全。二是加快标准化机房建设和规范化云服务器运行维护，杜绝信息安全事故。三是建立信息安全责任制。要建立信息泄露的技术责任和管理责任问责机制，对信息泄露造成公民和企业遭受损害的，要进行损害评定，根据损害程度追究相关人员的法律责任。

三、涉审中介有待规范

"最多跑一次"改革坚持以人民为中心的改革导向，是新常态下浙江省委、省政府全面深化政府自身改革、优化政务服务的重要举措。“最多跑一次”改革极大地挖掘了政府部门提质增效的潜力，然而中介服务成为改革的“肠梗阻”。如不能采取有效措施深化中介服务改革，势必影响改革的整体绩效。

(一)“最多跑一次”改革审批中介服务现状

通过多年的改革与发展，中介机构职能得到进一步理顺，规范化水平逐步提高。但是，与社会发展要求仍然存在较大差距。主要体现在：

1. 涉审中介服务是行政审批的“衍生品”。《国务院关于第六批取消和调整行政审批项目的决定》明确提出：“凡公民、法人或者其他组织能够自主决定，市场竞争机制能够有效调节，行业组织或者中介机构能够自律管理的事项，政府都要退出。凡可以采用事后监管和间接管理方式的事项，一律不设前置审批”。问题是，政府退出之后，大量的审批服务究竟该如何正常履行？行政审批中介服务实质上就是填补政府职能转变、放权之后的服务空白，实践证明，大多数行政审批中介服务项目是行政审批事项的“衍生品”。“最多跑一次”改革使得行政审批中介服务项目隐隐有增加的趋势。

2. 涉审中介服务是行政审批过程中的有偿服务。《浙江省人民政府办公厅关于进一步加强行政审批中介服务管理的意见》明确指出，“审批中介服务是与行政审批相关联的技术审查、评估、鉴证、咨询等有偿专业技术服务事项”，对其有偿服务的性质作了清晰的界定，它是弥补政府退出之后服务空白的重要手段。

3. 涉审中介服务项目设立依据不完备，很多却成为审批的前置条件。课题组通过梳理发现，当前多数行政审批中介服务项目设立的法律依据不完备，大多数依据行政法规或部门规章设立，仅有消防验收、环境影响评价等少数项目由消防法、环境影响评价法等法律明确规定而设立。尽管行政审批中介服务项目法律依据不完备或法律层级较低，然而操作过程中它却具有前置性和强制性，是导致行政审批中介服务乱象频出的重要原因。

4. 浙江已对涉审中介服务做了全面清理，但力度仍有待加强。《关于公布和规范行政审批中介服务事项的通知》对浙江省级层面行政审批中介服务事项作了全面清理规范，共取消了 41 项行政审批中介服务事项，调整了 5 项，保留了 97 项，并对保留的省级 19 个部门 85 项审批事项所涉中介服务事项制定了明确的清单。但课题组调研中发现，某些清单外的中介审批服务仍在发生。这就表明，浙江对行政审批中介服务的清理力度仍有待加强。

（二）"最多跑一次" 改革中介服务存在的问题

行政审批中介服务存在定位不清、名目繁多、服务环节多、耗时长、收费乱、垄断性强、服务态度差等问题，所谓的"红顶中介"扰乱了审批服务市场秩序，消解了行政审批制度改革的成效，甚至成为滋生腐败的土壤。李克强总理曾在多个场合痛斥"红顶中介""二政府"等乱象，在 2017 年 1 月 4 日召开的国务院常务会议上他再次强调"一定要下决心清理不规范的中介服务，特别要坚决整治'红顶中介'"。从课题组的调研情况来看，当前行政审批中介服务主要存在以下问题：

1. 审批中介服务定位不清，清理削减难。很多本可以砍掉的审批程序没有真正砍掉，而是换个方式，以审批中介服务的方式重新出现。因此，行政审批项目虽然减少了，但第三方中介服务或评估事项却增加了。而由于审批中介服务制度和监管不完善，以前政府部门办理的项目被转移到一些行业协会中后，一些原本还有章可循的政府审批反而变成了无章可循的中介寻租，乱象频出。究其原因，在于设立行政审批中介服务的部门规制林立，部门利益牵扯其中，清减困难。

2.“红顶中介”垄断现象突出，容易异化为腐败的“掮客”。不少中介机构一方面以市场角色创收盈利，一方面又具有很强的行政化色彩。一些依托行政机构垄断经营的中介组织逐渐演化成为具有行政职能的“二政府”，本身是职能主管部门的下属企业单位和科室，如从事防雷装置设计技术评价的某某防雷中心；有些中介机构只是在形式上与原单位脱钩，利益链条并未真正斩断；有些部门则“指定”审批中介服务机构，私下与中介机构建立利益同盟，以手中权力为中介机构谋利，本质上就是权力寻租，以合法手段行非法勾当。由此导致的结果是“红顶中介”通过形形色色的手续、关卡、资质、认证和“强制服务”扰乱中介服务市场秩序，损害政府公信力，蚕食着“最多跑一次”改革的红利。课题组调查结果显示，垄断情况最严重的行政审批中介服务依次是消防审核、环评报告、施工图审查、防雷审计审核、人防工程设计等（详见图 7－1）。

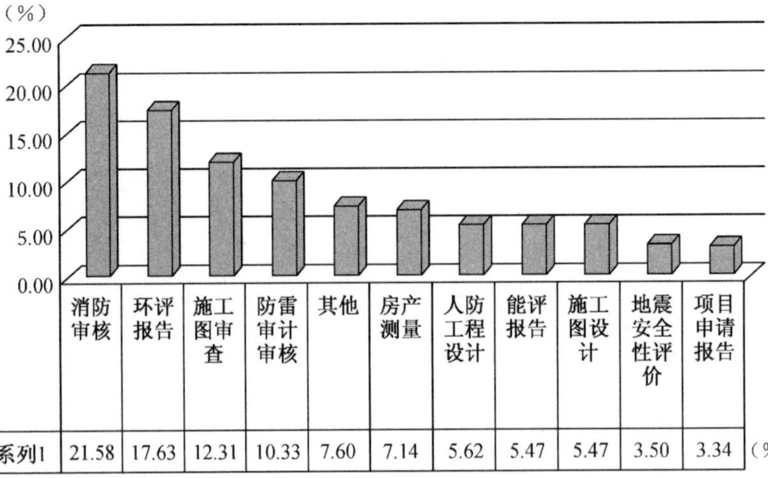

	消防审核	环评报告	施工图审查	防雷审计审核	其他	房产测量	人防工程设计	能评报告	施工图设计	地震安全性评价	项目申请报告	
■ 系列1	21.58	17.63	12.31	10.33	7.60	7.14	5.62	5.47	5.47	3.50	3.34	(%)

图 7－1　行政审批中介机构服务中垄断较高的事项

3. 审批中介服务名目繁多，多数效率低下且收费高昂。在课题组的调研中，有基层人员反映，某某市招投标系统开发和验收，整套软件开发花费才 30 多万元，但是系统安全达标验收收费就要 30 多万元，甚至超过软件开发费用，而且每年系统安保等级确认还需要花费 6 万—7 万元，而全省范围内只有 7 家由公安部门指定的中介机构具有验收资质。如果公安部门不指定特殊中介服务机构，市场化运营可能会乱套；但指定特殊中介服务机构产生的问题也非常明显，价格实在太昂贵。有些中介机构出具很简单的鉴定证明或审查报告，收费动辄几万元。而且实践中有些中介机构还会操弄协会价格，实行价格同盟，哄抬中介服务价格。基层人员反映，在"最多跑一次"改革中，各级政府想尽办法，行政审批时间、环节、流程能压缩的尽量压缩，但最怕的是被中介组织卡住，从而影响改革的总体绩效。

4. 脱钩改制面临瓶颈，自我发展能力不足。中共中央办公厅、国务院办公厅于 2015 年发布《行业协会商会与行政机关脱钩总体方案》，提出推进行业协会商会与行政机关脱钩，厘清行政机关与行业之间的关系，促进行业协会商会成为依法设立、自主办会、服务为本、治理规范、行为自律的社会组织。但事实上大量中介机构或是与行政部门联系密切，具有相当大的非竞争性、依赖性、权力性，自主性弱且内部结构不优化；或借口配套政策欠缺、中介市场本身发育不成熟等，对脱钩改制都处于"等、靠、看"状态。而那些依靠自己力量运营的中介机构在市场竞争中天然处于不利地位，发展往往举步维艰。

5. 政府对于行政审批中介服务市场监管薄弱，惩戒力度不足。由于中介监管缺乏有效的法律保障，且中介机构往往与行业主管部门联系密切，行业主管部门对审批中介组织的监管往往出工不出力，监管薄弱，缺乏相应的惩戒措施。以某某市对中介机构的综合信用评价为例，该综合评价主要由四部分组成，分别是审批部门评分（40%）、业主单位评分（40%）、市审管办评分（10%）、第三方评分（10%），合计100%。2017年第一季度的评分中前39名中介机构的各项得分全都是100分，占所有被评价中介总数的44.8%。另外只有两家机构被市审管办打了低于80的分数，其他各项依然是满分，所有中介组织综合评分最低的也达到了87.5分。可见，无论是行业主管部门还是审批部门对中介组织的评价基本流于形式，放任自流，很难反映出中介机构真正的服务质量及综合信用情况，更遑论惩戒了。

（三）治理“涉审中介”问题的对策建议

“红顶中介”不仅扰乱了审批服务市场秩序，而且客观上侵蚀了“最多跑一次”改革的绩效，无论是群众、企业还是审批部门对此意见都很大。因此，必须采取有力措施切实予以解决。课题组建议从以下几方面强化治理：

1. 深化清单制改革，加大行政审批中介服务项目精简力度。从实践层面看，浙江清理行政审批中介服务项目力度并不算大。如珠海市就明确取消雷电灾害风险评估、防雷装置设计技术评价、防雷装置检测审批中介服务项目所涉及的收费，而浙江对此仍实行政府指导价，其中雷击风险评估服务收费按项目投资总额实行差额定率累进计费，1000万元以下（含1000万元）0.6‰；1000万—5000万元（含）0.45‰；5000万—1亿元（含）0.3‰；1亿—10亿元0.15‰；10亿元以上0.05‰，企业负担仍然比较重。因此，建议省级各部门对中介服务项目进行一次全面清理，没有法律法规规定、各地政府和部门自行设立的中介审批服务项目一律予以取消；进一步加大简政放权和审批中介服务的规范力度，实行清单化管理，“凡未纳入清单中的中介事项，一律不得再作为行政审批的受理条件，不得以任何形式要求申请人委托中介服务机构开展服务，也不得要求申请人提供相关中介服务材料，更不能巧立名目收费"。同时，通过立体多元的渠道向社会公开中介服务清单，以打造全面深化行政审批制度改革的浙江样本。

2. 借助"互联网＋政务服务"平台，线上线下协同推进中介服务改革。一方面，推进涉审中介机构集中服务的实体平台建设，让中介机构由分散办公变为集中办公，集中资源、统一办公场所、有效整合，提升线下服务效率。另一方面，运用"互联网＋政务服务"思维和大数据手段，依托浙江省政务服务网和各级行政服务中心网站，建立全省统一的涉审中介基础信息库，搭建网上中介服务平台。建立透明化的网上交易系统，实现网上报名、网上竞价、网上议价、网上交易。凡是在行政审批环节中需要中介机构服务的，业主单位和群众都可以在"中介超市"挑选综合评价高、服务质量优、收费合理的中介机构，从而确保过程公开透明并解决服务效率低、收费乱等问题，而且可以大力推进"零上门"服务，助推"最多跑一次"改革。

3. 实施多元化监管，加大行政审批中介服务规范力度。首先，强化职能部门对中介组织的监管，制定明确的服务流程、操作规范、收费标准和评价体系，规范中介组织的从业行为，打造公平有效的监管环境和市场秩序。其次，健全中介服务评价机制，构建多维评价体系，积极开展中介服务组织的星级评定活动。由审批部门、项目业主（包括经办人员）、涉审中介机构的综合管理部门、第三方评价部门四方共同参与，建议改变评分权重，增加业主单位尤其是经办人员、第三方评价的评分权重，对审批中介服务机构在合法经营、服务质量、依规收费、职业道德等方面进行综合评价和星级评定，并对中介机构的信用、资质、服务质量等情况实现多部门多主体的联动监管，尤其是要发挥社会、公众、企业的监督作用。最后，推进中介机构信用等级评级管理办法和黑名单管理制度，将失信违法者纳入黑名单直至清除出库，要敢于清除害群之马，营造风清气正的中介服务市场。

4. 加快中介组织和行政机构脱钩改制进程，推进中介服务市场化。做好政府部门与中介组织彻底脱钩的工作，必须以铁一般的信念、铁一般的纪律、铁一般的行动坚决斩断中介组织与政府部门藕断丝连的利益关系，把中介组织真正推向市场，切实提高中介组织的独立性、自主性和市场化程度。必须严格政治纪律和政治规矩，全面从严治党、治官，严禁行政人员在中介机构兼职、领取报酬或把中介机构当成"小金库"。应进一步放宽中介服务市场准入和执业限制，按照"非禁即入"的原则，鼓励、引导和支持社会资本有序参与中介组织运营和脱钩改制工作；同时加大对中介组织培育扶持力度，完善涉政审批中介服务管理制度，建立健全中介服务充分竞争机制，优化资源配置，破除"红顶中介"的垄断现象。此外，应强化对中介服务从业人员的培训，提高服务人员素质，为改善中介组织服务质量奠定扎实的基础。

5. 深化涉政审批中介服务改革，加快推出政府购买审批中介服务办法。注重"最多跑一次"改革的系统性、整体性和协同性，促使改革链向涉政审批中介服务改革延伸，研究制定政府购买审批中介服务的具体办法。在进一步强化政府行政审批服务职能的同时，构建多层次、多方式的行政审批服务供给体系，加快形成政府主导、社会参与、公办民办并举的行政审批服务供给模式，通过政府购买审批中介服务提供更加方便、快捷、优质、高效的公共服务。应尽快制定《政府向社会力量购买行政审批服务办法》，建构政府购买行政审批服务的制度、规范、程序、标准和服务价格，制定《政府向社会力量购买行政审批服务目录》，运用"互联网＋"探索政府购买行政审批中介服务改革，采取政府招投标的方式。完善网上评标和招投标体系建设，采取全省统一、互联互通的专家库、信息库和评标办法，推动远程评标体系建设，既可以避免专家跑动、节省费用和资源，而且可以有效防止串标，确保公开公平公正地购买优质高效的审批服务。

四、流程再造有待优化

政府流程再造是新公共管理理论的代表性观点之一，其强调对官僚制度进行重新改造和超越。20 世纪 90 年代以来，以美国为代表的西方国家相继将企业经济活动中的业务流程再造理论引入公共管理领域，实施"政府再造"，从而引发了公共管理革命的新浪潮。具体来说，政府流程再造是指政府引入现代企业业务流程再造理念和方法，以满足公众需求为核心，对原有组织机构、服务流程进行全面、彻底的重组，形成政府组织内部决策、执行、监督的有机联系和互动，以适应政府部门外部环境的变化，谋求组织绩效的显著提高，使公共产品或服务更能取得社会公众的认可和满意。[①] 在当今互联网与大数据时代，政府流程再造要更多依靠信息技术来革新基于专业化分工的传统分隔式管理模式，注重以技术利用为支撑、以效率提升为目标，并利用大数据技术来整合政务信息，实现行政组织结构和业务流程再造，提升部门内部和跨部门的运作效率，从而倡

---

① 参见姜晓萍：《政府流程再造的基础理论与现实意义》，载《中国行政管理》2006 年第 5 期。

导以数据开放、数据共享和数据决策的思维来重塑行政管理理念。[①]

近年来，我国地方政府在探索服务型政府和推进电子政务的进程中也开始尝试政府流程再造，尤其是各地利用现有的行政服务大厅的有利条件对各项行政审批流程进行了重新整合。从学理上分析，浙江“最多跑一次”改革的核心与关键也是政府的流程再造。各个地市行政服务中心或行政审批大厅的运作模式如果仍然停留在“每个部门分别在办事大厅进驻一个窗口”的阶段，就无法实现办事流程的优化和职能部门的精简，窗口数量多、办事时间长、信息不共享、相互不协同等问题也会不同程度的存在。[②] 因而，“最多跑一次”改革就是要改变政府传统的办事流程和信息孤岛，逐步推广“一窗式服务”，也即服务前台全部变为受理窗口，受理后由相关职能部门在后台完成办事事项的分类、转交、办理等工作，能办结的当即办结，不能当即办结的在办结后通过快递送达文本证照。这一全新的服务模式是由受理窗口直接传递到相关职能部门进行事项办理，实际上是政府内部的流程再造和部门之间的关系重塑。[③] 从各地调研情况来看，以政府流程再造为核心推进“最多跑一次”可以在推进审批服务模块化、协同化和信息化三个方面进行突破。

（一）重塑部门关系，推进审批服务模块化

在原有的组织结构中，存在部门职能交叉、职能设置不清晰、部门利益驱动、工作人员的职责分工意识不强、协调沟通不充分等

---

① 参见刘晓洋：《思维与技术：大数据支持下的政府流程再造》，载《新疆师范大学学报（哲学社会科学版）》2016 年第 2 期。

② 参见冯梦成：《行政审批服务中心发展的困境、对策与走向》，载《理论界》2009 年第 9 期。

③ 参见艾琳、王刚、张卫清：《由集中审批到集成服务——行政审批制度改革的路径选择与政务服务中心的发展趋势》，载《中国行政管理》2013 年第 4 期。

问题。流程再造要求突破部门间的界限，实现部门与部门之间的互动与协作，以部门联动代替按部门顺序操作。因此，打破传统组织形式中的部门关系，构建一套机构精简、层级分明、运转高效、管理规范的新型组织体系是实现政府流程再造的首要前提。具体来说：一是严格控制政府的组织结构，对组织进行扁平化改造，减少行政审批事项的中间环节；二是深入推进窗口设置的分类整合，增强综合受理窗口和专业办事窗口两大窗口布局的系统性、科学性、协调性；三是加强前台与后台业务的相互协调，形成窗口业务办理情况的定期汇总机制，后台职能部门针对反馈问题改进工作流程，促进前后台业务的协调和一体化运作。依照这一原则，一些地市已经开始探索对涉及多部门联审联办的审批项目，按照市场准入类、工程建设类和社会事业类等审批项目进行分类，明确审批流程和材料清单，并对各类项目审批过程所涉及的后台部门和环节进行梳理，明确了同类项目的协同审批机制，确保集中受理审批事项权责清晰、流程科学、无缝对接、集成办理。这一模块化并联审批模式打破了审批部门传统的条线限制，从而真正做到以服务对象为核心，根据审批项目类别需要，实行同类项目模块化、集成化并联办理和"一窗式"对外服务。

（二）优化办理流程，推进审批过程协同化

由于政府职能的扩张导致组织规模膨胀、层级增多，行政过程链条过长的问题割裂了一个行政审批过程的完整性，使政府部门之间在进行繁杂事项审批时缺乏有效的协调与联动机制，从而降低了行政审批的效率。因而，改原有相关职能部门的"串联"模式为"并联"模式，构建权威、便捷、统一的互联网政务服务平台进行联合办公将大大提升联审联批的协同化程度。具体来说：一是把继续

加强省级政务服务平台建设，为跨层级、跨部门政务服务应用的接入提供平台基础；二是各地各部门要充分挖掘自身已有平台资源，力争通过技术手段，实现部门自建系统与省政务服务网基础平台的无缝对接，实现部门间资料数据的及时共享；三是重点开发政务服务网电子证照库平台，为跨部门间的并联审批提供技术手段。依照这一原则，一些地市为实现同类事项的全流程办理进行有益探索，理顺了集中受理窗口与关联审批服务职能部门的职权关系，并打破了部门条块分割和机构设置上的协同障碍。同时，将一些评审机构、具有资格资质授予或法律授权的社会组织、占据垄断地位的公共事业单位的公共服务事项、由各类社会组织创设的政府认可的管理事项等，一并纳入行政审批服务中心的全程管理、协调和监督体系中，确保全流程审批与服务链条的完整性。尤其是在工程建设类项目审批中，将施工图审查涉及的相关部门、中介机构以及配套便民服务项目一并纳入全流程办理将大大缩短审查时间。

（三）共享数据资源，推进审批办理信息化

由于传统的公共服务流程受制于技术发展，很难实现全部业务条块的联网，各项业务流程不得不按地理位置和人力分配被分割在多个部门，协调成本较大。如今，政府流程再造可以有效地利用现代互联网和信息技术，通过网上政务大厅建立并完善信息系统推进业务办理的全流程信息化，[①] 加快系统互联互通，提升数据共享水平。截至 2017 年 8 月，省数据管理中心共收集信息 50 亿条，比较完善的数据库包括人口库、法人库和证照库。下一步，政府应在汇总各地业务需求的基础上，以解决带普遍性的突出问题为切入口，

---

① 参见董新宇、苏竣：《电子政务与政府流程再造——兼谈新公共管理》，载《公共管理学报》2004 年第 4 期。

以“一窗”综合受理信息平台完善为重点，分步打通不同层级的条块信息系统。在数据共享水平提升方面，一是要扩大数据共享范围，尽快开展第三轮省级公共数据归集工作，推动更多省级数据资源向基层部门开放共享，在此基础上加快完善形成全省统一的信息库；二是要提升数据共享深度，要加快建立涵盖各类非涉密数据的“省级数据资源共享池”，实现数据资源的实时调用，同时要加快省级部门业务专网与政务服务网双向实时互通。按照这一思路，一些地市和部门正在加快开发行政审批运行系统、基础信用数据库和网上办事大厅，打造线上审批服务平台。通过这些平台，政府实现了大部分业务的线上办理，公共服务流程大为优化。

随着“最多跑一次”改革的深入推进，必然会遇到越来越多难以突破的深层次障碍，寻求一种更为先进有效的政府管理模式和组织形式是引领“最多跑一次”改革实现实质性突破的必然选择。因而，通过部门间关系的重塑和组织调整来实现模块化的审批，通过平台的建设实现多部门的并联协同化审批，通过数据共享和信息库建设实现全流程信息化审批，这三个涉及政府流程再造的改革方向可以成为“最多跑一次”改革深入推进过程中的重要抓手。如果上述三个问题都能够得到妥善解决，群众和企业到政府办事“最多跑一次”甚至“零跑腿”必将成为一种常态。

五、体制瓶颈有待突破

“最多跑一次”改革目标的实现依赖于诸多领域专项改革的协同推进，更依赖于从根本上解决体制架构的问题。政府体制（或称为行政体制）指政府系统内部行政权力的划分、政府机构的设置以及运行等各种关系和制度的总和。[①] 政府体制常常表现为一个国家的政府组织形式。具体来说，就是政府职能机关的划分，以及由这些职能机关所形成的运行体系。因而，政府体制改革总是会涉及三个紧密关联的要素：职能、权力和机构。只有抓住这些关键要素，才能真正将改革落到实处。

（一）“最多跑一次”改革的体制瓶颈

本次改革在很大程度上推进了管理体制进一步理顺，但从政府体制的三大要素来分析，“最多跑一次”改革的深化仍然面临以下瓶颈：

1. 政府职能转变的深化问题。政府职能是政府体制的先导性要素，为政府存在设定了功能性目标，体现了公共行政的本质要求。政府职能是政府权力与机构设置、运行的依据，而其具体实现又无法独立于其他两类要素而存在。从根本上讲，“最多跑一次”的改革目标就是厘清政府与市场、社会的关系，实现政府职能转变到位。这既涉及对于行政权力边界的适当划分，又依赖于用适当有效的组织行为来承接特定职能。然而，在权力清理的过程中，有些权力与市场自主调节界线仍然不清，政府行政权力对市场行为的干涉依旧过多。譬如，按照《浙江省招标投标条例》规定，政府部门对工程建招不招标、招标范围和招标方式具有核准权力，属于行政许可；但工程建设属于民事行为，政府部门从中干涉的行为实际上违背了民事法律原则。传统管理模式下产生的权力事项无法适应市场经济发展的要求，也使得政府对部分公益事业、项目无法实现有效管理。而且，部分单位依旧存在政企不分的情况。如烟草专卖局同烟草公

---

① 参见齐明山：《行政学导论（第三版）》，中国人民大学出版社 2014 年版，第 51 页。

司同属于烟草系统，既是裁判员，又是运动员。类似的问题若无法得到有效解决，则"最多跑一次"改革就可能会流于形式。如何用好"有形之手"仍然是影响改革成败的根本性问题。

2. 权责事项的规范化问题。权力是政府体制的内在要素，是政府职能履行的必要工具，也决定了机构运行与机构间关系的内在逻辑。权力的另一面是责任，两者不可分割。可以说，权力清单和责任清单是"最多跑一次"事项清单的基础，它们界定了政府部门与企业、与群众打交道的具体边界和部门间关系的属性。落实"最多跑一次"改革就是一个完善政府职权体系的过程，是政府行为规范化的重要手段。当前的困难包括两个方面：一方面是纵向部门间的关系问题。一个重要表现是，下放的审批权含金量问题。从目前来看，一些下放的权力对基层政府影响或效用仍不充分。国家行政学院评估组曾到富阳区就国家取消和下放的 468 项行政审批事项，激发企业和市场活力的政策落实情况开展评估。据统计，468 项中只有发改委的 3 个事项和税务总局的 1 个事项下放到了富阳区，① 且因地理因素等原因，发改委的 3 个事项下放以来未有具体审批事项。近几年浙江省 3 次下放审批事项，下放到富阳区的共有 78 项，但对当地社会经济发展的促进作用还不够大。而且，由上级部门制定完全统一的"最多跑一次"事项指导目录存在困难，这也给地方改革推进带来约束。另一方面是横向部门间的关系问题。除了法律和顶层设计的限制、滞后导致事项梳理缺乏规范标准，还有一个重要原因是在权责事项的具体实施中，由于地方政府职能的区域性、复杂性和变化性，以及部门利益等多种因素的影响，部门间的权责界限常常很难清晰界定。当然，这里还涉及组织架构的问题。

---

① 包括发改委的企业投资非主要河流上水电站项目、分布式燃气发电项目、风电站项目核准和税务总局的城镇土地使用税困难减免审批。

3. 组织机构设置和完善问题。组织机构（包括机构内各种资源和要素的配置、运行）是政府体制的现实要素，为政府职能和权力（包括责任）履行提供了载体。这方面主要包括三个问题：一是行政审批服务机构的设置模式及其内部制度重构问题。当前全省已经普遍推行“一窗受理、集成服务”的行政服务中心模式，同时有几个地区正在试点“相对集中行政许可权”的行政审批局模式。① 两种模式的差异和优劣仍需做更多调研。并且审批集成化后，事项、资源的内部整合及受理、踏勘、审批等工作机制有待进一步完善标准。二是审批部门与监管部门的关系重构问题。审批监管分离后，原职能部门在履行监管职责方面的力度仍显不足，手段还比较单一。对于行政服务中心（行政审批局）与职能部门的权责边界还需更清晰划分。目前虽建立了“行政审批与监管信息共享平台”，两者在协调配合上还有欠缺，部分职能部门共享的信息仍有限，且各地进度不一。三是纵向部门间的制度对接问题。省市部门行政许可权仍存在下放不到位问题，如温州经济开发区的试点中有 41 项行政许可事项尚未到位，涉及农业、林业、海洋渔业、教育、卫生等领域。并且在上级主管部门分设的情况下，地方行政审批机构的工作一定程度上存在多头领导、上下不一、协调不畅等问题。长期以来，各县区行政审批部门一般使用的是本级或上级主管部门的软件系统。审批集成化后，县区与省级部门系统有待进一步对接和统一，如省财政局的会计证系统、省运管的审批系统等。

（二）以更完善的体制架构为“最多跑一次”改革夯实基础

夯实“最多跑一次”改革的体制基础，至少要回答好三个问题，

---

① 浙江试点“相对集中行政许可权”的地区包括天台县、嘉兴南湖区、绍兴柯桥区、温州经济开发区、杭州大江东等。

即如何进一步推动政府的职能转变，如何进一步促进权责事项的规范化，如何进一步完善相关组织机构的建设。其中，想要回答好第一个问题，又必须通过回答好后两个问题来实现。

1. 以加强简政放权来推动政府职能转变。简政放权是推动政府职能转变的必然选择。推进简政放权改革必须继续以法治政府和服务型政府作为目标，并坚持从以下两个方面来加大改革力度：一方面，要进一步加大政府内部简政放权的力度，加大对各级部门特别是基层政府的放权，要在重点领域下放一批"高含金量"的权力，以此来提高基层政府的审批效能和治理能力；还要以推进清权确权和制度创新工作进一步打造适度有为的政府，更突出地方政府在市场监管、公共服务、社会治理、环境保护等领域的职能。另一方面，要进一步加大政府向市场和社会主体的放权力度，以减少政府直接干预和切实履行监管部门的职责，来规范市场行为，维护市场秩序，为经济社会发展提供公平、正义、法治的制度和政策环境；关键要有效调动市场、社会的自主性，以继续深化行政审批改革为抓手，积极稳妥地开放市场，有效利用市场经济杠杆调节功能，增强市场和社会主体在公共服务和治理中的参与力度，以释放市场和社会主体的活力，为"最多跑一次"改革和政府自身建设提供动力和倒逼机制。

2. 以完善标准体系来促进权责事项规范。完善标准体系意味着对一整套政府权责事项规范的标准化建设进行系统性优化，并形成一个动态更新的制度体系：一是要进一步明确政府管理与市场调节之间的边界，对权责事项进行系统全面的清理，对政企不分、行政干预市场过多的权力事项进行重点清理，真正使市场在资源配置中起到决定性作用，提高政府的社会治理能力。二是要在试点经验总结基础上，进一步明确行政审批权和事项办理集中的范围与程度，并继续推进“最多跑一次”事项办理标准化。由于地方实践的差异性和变化，省级部门应及时更新和完善“最多跑一次”事项指导目录。三是要细化和完善地方标准，明确办理条件、办理材料、办理流程。要重视权责事项在行政审批、政务服务具体工作中的严格落实，以事项及流程的标准化促进审批效率的提升，促进审批资源整合和制度建设。还应根据权力清单，逐项清理行政审批机构与原职能部门之间的权力和责任边界，形成详细的责任边界清单。这至少包括审批前期的条件和标准、行业发展规划的制定与审批边界清单、审批后与监管部门的边界清单等。要让责任边界更明确，追责有据可依，切实保障事中事后监管职能落地。

3. 以推进制度创新来完善组织机构建设。应继续推进制度创新，让职能转变和事项梳理的成果在组织运行、群众和企业办事过程中产生更大的实际效用：一是要规范行政审批机构的设置模式。不但要探索符合地区实际的行政审批机构设置模式，而且要继续打造可操作、可复制、可推广的行政审批服务集成化或相对集中行政许可权的创新样本。省级层面应继续加强对行政审批局试点地区，以及衢州等地行政服务中心创新实践的调研、比较和论证，以提升群众、企业的获得感，控制政府行政成本及保证改革的可持续性等作为立足点，给出更明确规范的指导性建议。二是要优化纵向部门间关系。应着力解决行政许可权下放不到位问题，加强省市统筹，促进上下级部门的工作对接。省政府应出台规则明确的工作对接制度，明确把县区行政审批局等新成立部门纳入有审批职能的省市级部门业务指导工作序列，统一下发政策文件，统一开展会议培训和业务指导，统一审批系统，落实审批结果及相关信息的互认互通。三是要重构横向部门间关系。应加强审批与监管的责任落实，完善分工协作制度。要进一步打破系统壁垒，加强审批和监管部门间的数据共享，形成高效、规范的审批监管衔接互动机制。四是要强化行政审批机构内部制度建设。应依据行业属性等推进对踏勘和审批工作的分类管理、精细化管理，继续改进人员的激励与问责办法。探索与完善“一个电子监察”全绑定，有效实现审批过程和结果的实时监控、预警纠错、绩效测评，规范工作人员的行政审批行为。加快审批服务“一张网”建设，推动实体办事大厅与浙江政务服务网融合发展，推进和完善审批服务跨级联办、异地通办、网上代办等多种新机制。特别要对涉及多个审批事项的项目实施全面流程再造，以此进一步撬动大部制改革和优化部门间协同制度，不断改善群众和企业办事的便利性。

第八章　改革展望："最多跑一次"改革与浙江治理现代化的新发展

党的十八届三中全会指出，到2020年，要"在重要领域和关键环节改革上取得决定性成果"，"形成系统完备、科学规范、运行有效的制度体系"。即要在2020年初步实现国家治理体系的现代化。治理体系与治理能力的现代化，涉及价值、制度和组织体系的全面优化，也是重构政府与市场关系、政府与社会关系、中央与地方关系的过程。国家治理体系与治理能力的现代化，既需要中央的顶层设计与统筹改革规划，也需要各地结合自身的发展水平、发展阶段和发展环境，进行创新性实践，推动地方治理的现代化进程。作为改革开放的前沿阵地，浙江在经济发展中一直致力于探索符合浙江发展的治理体系和路径，并积累了大量的创新经验。在新的历史时期，浙江在"八八战略"指引下不断前行，从治理体系和治理能力现代化的高度，持续统筹推进各项改革创新。作为一个浙江全省系统性的改革，"最多跑一次"改革不但延续了浙江改革的历史路径，也在一个新的历史时期为全局思考规划治理体系提供了一个突破口，对于浙江整体治理体系建设具有多重战略意义，也为国家治理体系与治理能力现代化建设提供了地方改革创新的样本和路径。

一、浙江治理现代化的政府改革逻辑

在关于中国发展的各种讨论中，尽管认识角度不同，但有一个基本共识，那就是都认同在我们的发展中政府角色是最为关键的。尤其是在经济方面，地方政府扮演着一个推动经济发展的重要角色。[①] 可以说，改革开放以来地方发展最大逻辑是政府角色的逻辑。我们可以发现，在宏观背景相近的前提下，不同地方政府的行为特征实际上极大地影响着地方经济发展的模式，其经济背后的政府模式也有巨大的差异，这种差异直接影响了地方经济的竞争力。浙江的发展与浙江政府的改革创新精神也是密不可分的，浙江政府在积聚浙江发展优势和创新浙江治理模式方面发挥了极其重要的作用。可以说，浙江治理现代化的探索过程，也是浙江地方政府顺势而为、不断改革创新的过程。

（一）从作风建设到职权重塑：21 世纪以来浙江治理中的政府改革进程

改革开放以来的浙江经济社会发展，地方政府始终发挥着至关重要的作用，而这在很大程度上得益于浙江历届政府改革创新的智慧和决心。尤其是进入 21 世纪以来，在"八八战略"指引下，浙江的政府改革进入了新的历史阶段。

2004 年，浙江在全省范围内掀起了一场以狠抓落实为主题的机关效能建设，而这一建设的初衷，就是向"衙门作风"导致的机关

---

① Gordon White，"The Road to Crisis：The Chinese State in the Era of Economic Reform"，in Gordon White，ed.，The Chinese State in the Era of Economic Reform：The Road to Crisis，Armonk，NY：M. E. Sharpe，1991，pp. 23—49.

效能低下问题宣战。2004 年 2 月 2 日，浙江省召开了全省机关效能建设电视电话会议，正式把效能建设确立为提高执政水平和执政能力的重大举措。中共浙江省委、浙江省人民政府在 2004 年发布的《关于开展机关效能建设的决定》中提出，要“切实解决机关效能中存在的突出问题，使各级机关和广大机关干部在履行职责和改革创新上有新的突破”，其重点在于铲除衙门作风，加强自身建设，增强服务意识，改善政府权力运行方式，从而通过政府自身建设推动经济社会更好更快发展，服务浙江改革发展的大局。

在效能建设的推动下，浙江在效能监察、效能问责、群众参与等方面进行了系列改革创新，在便民服务中心建设、效能投诉热线、政务网站建设等方面都走在了全国前列。效能建设大大改善了浙江的政务环境和营商环境，也大大改变了政府在群众心中的印象，为服务型政府建设打下了坚实基础。

10 年之后的 2014 年，浙江正式发布了《浙江省影响机关工作效能行为责任追究办法》，对各级党的机关、人大机关、行政机关、政协机关、审判机关、检察机关及其所属部门和机构，以及经授权、委托具有公共事务管理职能的组织及其工作人员的工作效能行为的责任追究进一步细化和明确。

2014 年开始，浙江又启动了政府职能和政府服务的“四张清单一张网”建设，通过明确政府职权范围和运行规范，大幅度减少政府对资源的直接配置；大幅度减少政府对微观事务的管理和干预；大幅度减少政府对资源要素价格的干预，增强政府权力运行的规范化水平。

2016 年 12 月，浙江省委经济工作会议提出了“最多跑一次”改革，从而开启了政府权力运行更加科学化的改革历程。2017 年 1 月，浙江省政府工作报告正式提出加快推进“最多跑一次”改革。之后一系列改革创新工作依次展开，在行政审批事项梳理、办事流程优化、数据共享建设等方面，浙江创造了多个全国第一，成为新时期地方政府改革的典范。

可以说，从效能建设和效能革命，到"四张清单一张网"，再到"最多跑一次"改革，浙江政府的每一次改革，都紧扣时代发展的主题，将政府改革置于经济社会发展的前沿阵地，不断加强政府自身建设，进行自我革命，为浙江发展提供良好的政务环境。而且，面对浙江发展和浙江治理转型的加速度，浙江政府改革不断向纵深推进，呈现出越来越系统化统筹化的发展特征。如果说 2004 年的效能建设主要侧重于政府党政干部和广大公务员队伍的作风建设，那么 2014 年开始的"四张清单一张网"则更侧重于政府职权的制度化规范化，而目前的"最多跑一次"改革，则在政府职权配置的科学化、政府权力运行的规范化和政府人员的服务意识等方面进行通盘考虑和重塑。因此，浙江治理过程中的政府改革，呈现出从强调依法行政，到摸底地方政府的整体权力界限，再到探索权力运行全面科学化的发展脉络。如果说效能建设更侧重解决权力运行中的人如何严格按规则办事的话，那么"四张清单一张网"更侧重于梳理整合地方政府的权力范围和界限，而"最多跑一次"改革则从问题出发，再次思考并致力于解决地方治理中的政府职权、制度安排和权力运行结构的再优化问题。因此，从效能建设到"最多跑一次"改革，既是基于浙江实际不断发展的，也是一脉相承的。这些改革在不同历史时期的治理体系建设中发挥着关键性作用，为当前进一步探索浙江治理体系与治理能力现代化进程的政府转型奠定了坚实基础。

（二）寻求政府有效性：浙江治理现代化的核心与灵魂

"治理"一词在不同的语境下有不同的理解。在一般公共管理的学术讨论中，“治理”是一种超越政府单一主体的多元参与合作的制度安排和运行机制。它是在政府难以应对现代化进程中高度复杂的社会活动所做出的反应。这种治理话语无论在发达国家还是在发展中国家都有广泛的现实基础。对于发达国家而言，政府在经济社会活动中往往面临科层体制不可避免的失灵问题，因此近几十年来西方国家的改革创新都致力于探索多元合作的治理格局。对于发展中国家而言，政府的有效性对大部分国家而言都是奢侈品，在经济社会活动中，政府能力的弱势使得他们必须借助其他治理主体的力量来共同应对发展所遇到的难题。自 20 世纪 80 年代以来，“治理”的讨论和实践逐步形成了新的公共治理研究范式，并对当前治理体系与治理能力现代化的讨论产生了多重影响。

不可否认，我们治理体系的讨论需要回应并正视当前全球的治理体系、治理范式与治理转型问题。但同时需要清醒地认识到，无论和西方发达国家相比还是和发展中国家相比，我们治理体系建设的背景、历程和目标都具有自身的独特性，因此需要首先回到我们自身的发展环境来审视治理体系与治理能力现代化问题。与大部分发展中国家不同的是，新中国成立以来，我们大部分时期都是在强有力的党和政府推动下来实现经济与社会发展的，党和政府一直扮演着一个极其重要的角色。与西方国家不同的是，我们的现代化进程尽管激发了市场与社会的发展，但一直没有形成边界清晰的市场与社会领域，换言之，我们的市场与社会发育都是不完善的。因此，我们的治理体系与治理能力现代化，既要认识到我们党和政府主体的关键性角色，又需要动态调适政府与市场、政府与社会的关系，从而构建具有中国特色的治理体系。

浙江政府改革创新的进程，实际上也是浙江治理体系现代化的进程。在这一进程中，浙江政府一直致力于通过改革创新以增强政府的服务能力、政策执行能力和党密切联系群众的能力。而这些努力归根结底都是为了增强政府在治理体系中的有效性，这也是浙江治理现代化探索的核心和灵魂。

始于2004年的效能建设，是通过规范政府的微观行为来推动政府的有效性。改革开放以来，经济快速发展和观念的变革都对政府行为提出了更高的期望和要求，而政府的官僚化必然阻碍经济社会发展。通过效能建设，破除衙门作风，目的是营造良好的政务环境和营商环境，提高政府的办事效率和社会公信力，从而为浙江转型升级和全面建成小康社会提供良好的基础。

始于2014年的"四张清单一张网"建设，是通过规范政府的职权范围来推动政府的有效性。几十年的超高速发展带来了生产关系和社会关系的全面重构，也使得经济社会活动的不同主体联系和互动加深，由此也带来了政府、市场与社会的权力关系和权力边界调整问题。"四张清单一张网"的建设，目的是通过全面梳理政府权力清单，界定权力范围，强化政府应负的责任，从而为市场和社会活动腾出更多的发展空间，为新时期的治理体系建设提供基本权力框架。

始于2016年的"最多跑一次"改革，则是通过强化政府服务能力来推动政府的有效性。权力的边界是相对的，在职权清单的基础上，重要的是政府作为权力运行主体如何精准理解各自的职权范围，如何更好地提供政府服务的问题。这些问题不仅依赖于清晰的制度设计，更有赖于公务人员的服务意识。不同部门之间基于公共利益的有效协同合作，需要基于问题导向的统筹改革推进。"最多跑一次"改革正是从人民群众的需求出发，倒查政府的组织制度和运行环节的问题，从而构建了一个问题解决型的统筹改革安排，为治理体系和治理能力现代化提供了一条新的改革路径。

可以说，寻求政府有效性，是浙江在治理现代化探索中一直不变的核心，是浙江治理改革创新的灵魂。

二、“最多跑一次”改革对治理现代化的推进

“最多跑一次”改革，表面上看是一个针对具体问题的改革，其实质是政府调整与政府改革的系统工程。一系列改革不但推动了服务型政府和法治政府的系统性优化，而且在强化党的领导、推动政府流程再造、强化政府数据协同和重塑政府市场社会关系方面都产生了一系列深刻影响，对浙江治理体系和治理能力现代化建设具有重大意义。

（一）实现党的领导与服务型政府建设融合

国家治理体系与治理能力现代化，是“在党领导下管理国家的制度体系”，因此党的领导是国家治理体系现代化的应有之义，这在地方治理体系建设中同样如此。党对治理体系现代化建设的领导，就是发挥党总揽全局、协调各方的作用。党的根本宗旨是全心全意为人民服务，“最多跑一次”改革是以人民为中心的改革，是通过政府自身改革让群众有更多的获得感。因此“最多跑一次”改革与党的性质和宗旨是一致的。

但是不可否认，在一般的日常工作中，党的领导职能与政府职能部门之间的具体任务是有差别的，党尽管在理论上可以领导政府部门日常工作，但在实际工作中则缺乏明确的操作规则，由此导致的是日常事务缺乏系统的党的领导。而对党的领导而言，如果离开了具体职能部门的系统化服务，则很难真正实现党为人民服务的目标宗旨。因此，加强党的建设和推进政府职能转变，实际上是一个

问题的两个方面，其根本就在于通过治理体系与治理能力的建设，实现国家为人民服务的目标。从这个意义上说，治理体系与治理能力的现代化，是要进一步梳理并夯实党政之间的联系，从公共利益最大化的角度强化党的领导作用，并通过党的领导作用强化政府服务群众的能力。

"最多跑一次"改革，作为浙江提出并践行的系统性政府改革举措，为推进党的领导和政府服务能力建设的融合提供了契机。在"最多跑一次"改革推进过程中，各级党委部门从大局出发，协调相关部门，梳理各种政策，商讨各种改进措施，广大党员干部在加强政府自身建设、更好服务广大群众方面发挥了先锋模范作用。通过"最多跑一次"改革，强化了党为群众服务的能力，也为建立适应现代治理体系的服务型政府提供了指引。也正由于加强了党的领导作用，使得"最多跑一次"改革更加系统、更加全面，也更加彻底。

（二）推动整体性政府治理变革

长期以来，审批过程中的条块分割、部门主义、繁文缛节一直是政府服务中的顽疾。为了整治这些顽疾，各地方曾经尝试过各种改革创新，如浙江过去的便民服务中心创新，宁波"81890"平台服务创新等，都对改善政府服务起到了非常积极的作用。但是，由于过去的大部分创新是增量创新，即在既定的制度、流程和组织架构基础上的创新，因此难以解决政府服务分割的根本问题。

与以往很多改革不同，"最多跑一次"改革是从需要解决的问题来提出的改革战略。它既不简单的是某个具体的改革举措，也不是某项具体的制度安排，而是从问题出发来谋求一系列的改革与创新。因此，"最多跑一次"改革必然是多层面系统化的改革，通过一系列改革组合拳，来推动政府系统性流程再造，实现政府管理服务的有效协同，从而为探索优化政府整体性治理打开了大门。

首先，“最多跑一次”改革是由省政府来协调推动的系统性改革工程。政府管理和服务是一个多层级政府和多个部门协调互动的系统，要实现便捷化的管理和服务，就必须使服务的不同环节有效协调联动。长期以来，由于各部门各自为政，推进政府部门的协调合作一直是政府管理的难题。“最多跑一次”改革在省委、省政府强有力推动下，形成了全省改革一盘棋的局面，大大推动了省以下各层级政府和各部门的统筹协调合作，使原来分散在不同层级和不同部门的事务得以重新梳理，使一些过去老大难的改革问题能够快速减少环节和流程，从而大大提升政府审批和政府服务的效率。

其次，“最多跑一次”改革是目标导向的倒逼式改革。当让群众“最多跑一次”成为改革目标的时候，各级政府部门就必须通过各种改革举措实现这个目标，由此形成了强大的改革推动力量，促使各部门尽最大可能简化政府办事流程、减少繁文缛节、强化部门间协调合作，打破了长时间以来形成的部门利益格局，形成了以结果来衡量改革成效的格局，成为激发全省上下齐心协力推进政府改革的新动能。

再次，“最多跑一次”改革是基于数据协同的政府职能重构。传统的政府管理是以部门分工为基础的组织化体系。这种体系在实现政府职能专业化的同时，也带来了大量的部门鸿沟、数据壁垒和政府职能碎片化问题。为此，浙江省委、省政府在“最多跑一次”改革中，不断总结地方经验，并前瞻性颁布了《浙江省公共数据和电子政务管理办法》（以下简称《办法》）。针对现存的各个部门数据封锁、数据孤岛等问题，《办法》对政务数据运用和数据协同做出了一系列制度性安排，规定各个部门需按照“公共数据资源目录”的要求，将目录内的数据全部归集到公共数据平台，由数据管理机构对归集的数据进行统一管理，各部门因履行职责需要均可以使用公共数据，真正实现公共数据的共享使用，从技术层面为"最多跑一次"数据协同打下坚实基础。技术层面的数据协同也促使各职能部门重新梳理自身的职权范围、办事流程和对接方式，从而也开启了政府职能系统化重构的新阶段。

（三）重塑政府、市场与社会的职能关系

一直以来，我们存在一个发展与改革的悖论：从发展的角度而言，我们需要一个强而有力的政府来协调推进经济社会的健康可持续发展，因此无论什么时期，党和政府的领导能力都是第一位的。但党和政府的主导性角色，可能会抑制市场与社会的活力，最终会阻碍经济社会的发展，因此党和政府又需要通过不断改革创新，来激发市场与社会的活力。这种改革需要由具有主导作用的政府来完成，由此形成了一个政府改革来推动发展的悖论：发展需要政府的主导力量，同时又需要通过政府的这种主导力量削减自身的权力和影响力，从而进一步激发市场与社会活力。政府既需要推动自身的改革，同时又要动态协调自身与市场、社会的关系。这种改革的平衡术一直考验着政府的智慧和魄力，历史上，政府在职能转变与机构精简中的不断反复也说明了这一点。

从某种意义上说，我们的治理体系与治理能力的现代化过程，就是政府、市场与社会关系的科学化重塑与再平衡的过程。"最多跑一次"改革的意义在于，它通过问题导向的改革，实际上推动了政府、市场与社会关系的重构，通过"最多跑一次"改革的系统性推进，很多政府的审批模式、审批事项被重塑。而且，这种重塑不是简单在理论意义上去探讨，而是在具体的政策实践中，在一个个的审批事项中，去厘清为什么这些事项和这些环节需要政府的审批，

哪些环节是不必要的，政府的监管责任是什么，哪些事项是市场与社会可以自主的。在这一过程中，就不再是简单地削减审批事项的问题，而是从群众需求出发，系统地梳理审批和监管事项流程的问题。因此，改革不但简化了审批流程，也使地方各级政府系统全面审视政府的监管方式、审批方式的合理性问题。通过“最多跑一次”改革，政府一方面简化了办事流程，另一方面则努力强化政府的监管责任，尤其是通过数据化协同、政府内部部门协同的改革，强化了政府在各审批事项中的监管能力。从这个意义上说，改革不但增加了群众办事的便利性，也有助于强化政府的服务能力和监管能力。

“最多跑一次”改革也进一步激发了市场和社会主体的活力。通过减少行政审批事项和审批流程，大大缩短了一些事项的审批时间，为企业生产经营活动的开展赢得了时间成本。通过数据化协同，不但减少了琐碎的证明材料，而且使政府监管更加精准全面，增强了社会自律意识和诚信意识。通过强化规范审批中介行为，进一步释放了市场主体的活力。通过下放审批权力，增强地方和基层政府的审批能力，大大便利了各社会主体的审批活动，增强了社会的积极性和活力，推动形成政府与社会良性互动的关系格局。

因此，“最多跑一次”改革，既是政府的自我革命，也是重构政府、市场和社会关系的过程，通过“最多跑一次”的系统性改革，进一步激发了市场活力，推动了政府与社会的良性互动，为浙江治理体系和治理能力现代化提供了结构性基础。

（四）形成政府创新学习与扩散的机制

地方政府的创新能力在地方发展中发挥着重要作用。在很多关于中国发展和地方发展的讨论中，都发现有效激励地方政府的改革创新对地方发展而言至关重要。如钱颖一等学者指出，地方政府拥有半自主的权力，[①] 从而使得地方政府在各种事务处理中拥有一定的自主权，这种自主权为地方创新活动提供了空间和可能性。而且地方政府又处在一个压力型的结构中，[②] 在压力型体制下，下级政府必须有效完成上级交代的任务和指标，否则其官员很难在上级决定的职位晋升中胜出。这种体制使得地方政府为了取得良好政绩而展开地方竞争，被认为是解释中国经济发展的体制原因之一。[③]

浙江的发展历程很好说明了地方政府改革创新的重要作用，同时以人民为中心的"最多跑一次"改革在某种意义上也超越了过去简单的地方发展型政府的固有认识。[④] 浙江是靠吃改革饭发展起来的，改革创新对浙江治理而言具有极其重要的地位和意义。"最多跑一次"改革延续了浙江改革的精神内核，而且自上而下的改革动员形成了全省范围内的创新学习和创新扩散机制，极大提升了浙江整体的治理能力和治理水平。

首先，省政府自上而下的改革要求形成了全省上下各级政府部门的创新倒逼机制。政府审批事项的"最多跑一次"要求，是各级政府部门的改革目标，要实现这个目标，光依靠目前的制度安排是难以实现的，因此必须在法律和政策允许范围内进行政策和运行机制的创新，通过信息技术、流程再造、部门协调、人员素质提升等

---

① 参见钱颖一、许成钢：《中国的经济改革为什么与众不同：M 型的层级制和非国有部门的进入与扩张》，载《经济社会体制比较》1993 年第 1 期。

② 荣敬本等人曾经提出了"压力型体制"的概念，并进行了较为详细的分析。参见荣敬本等：《从压力型体制到民主合作体制的转变》，中央编译出版社 1998 年版。

③ 周黎安：《转型中的地方政府：官员激励与治理》，格致出版社、上海人民出版社 2008 年版。

④ 地方发展型政府，指的是"发展中国家在向现代工业社会转变的过程中，以推动经济发展为主要目标，以长期担当经济发展的主体力量为主要方式，以经济增长作为政治合法性主要来源的政府模式"。参见郁建兴、徐越倩：《从发展型政府到公共服务型政府——以浙江省为个案》，载《马克思主义与现实》2004 年第 5 期。

多方面创新以实现目标。

其次，改革的推进形成了上下各级政府部门的创新竞争和创新学习机制。各级政府部门不但要通过创新完成基本的改革任务目标，而且这是一个地方创新竞争的锦标赛机制，如果本地区本部门的创新落后于其他地区和部门，就会影响本地区的发展政绩并对领导干部升迁带来潜在影响。因此，这种创新的倒逼机制也是创新的竞争机制。各地为了在“最多跑一次”改革中能够先人一步，必须不断学习省内外的各种经验，并在本地区和部门创新性地发展和运用，由此带动了全省基于“最多跑一次”改革的政府创新大竞赛，大家通过相互学习、相互借鉴、相互模仿，不断推陈出新，带来了整个政府治理气象的大变革。

改革开放以来，国家间、地区间甚或部门间的公共政策扩散，是我国政府公共政策活动的重要特征，在我国的改革开放进程中发挥了巨大作用。[①]“最多跑一次”改革形成了创新学习和创新扩散的体系，每个地方都在总目标激励下不断推陈出新，强化政府服务效能，而各地的创新又快速被其他地方学习和模仿，由此形成目标激励——创新实践——创新扩散——再创新的良性政府改革路径，为浙江治理体系和治理能力现代化提供了新动能。

三、以“最多跑一次”改革开启浙江各领域治理改革新征程

今后五年是国家治理体系和治理能力现代化建设的关键五年，也是浙江治理体系现代化建设的重要时期。“最多跑一次”改革不但

---

① 参见王浦劬、赖先进：《中国公共政策扩散的模式与机制分析》，载《北京大学学报（哲学社会科学版）》2016 年第 6 期。

是浙江治理体系建设的重要一环，也是浙江治理改革创新的突破口。正如浙江省第十四次党代会提出的，浙江要以"'最多跑一次'改革为突破口……在经济、政治、文化、社会、生态文明和党的建设各个领域，谋划实施一批群众最期盼、发展最急需的重大改革举措，以改革再创民营经济新优势，以改革加强社会治理，以改革优化发展环境，以改革惠及更多人民，使市场在资源配置中起决定性作用和更好发挥政府作用，努力在治理体系和治理能力现代化上继续走在前列"。因此，"最多跑一次"改革将对浙江改革发展具有深远意义。我们需要以"最多跑一次"改革为战略，撬动其他各领域的改革，开启浙江治理现代化的新征程。

（一）以"最多跑一次"改革推动政府治理现代化

"最多跑一次"改革是以问题为导向的综合性改革，其对政府自身的组织、制度和运行方式都提出了诸多改革命题。因此，"最多跑一次"改革也是推动政府治理现代化建设的良好契机。

首先，应以"最多跑一次"改革推进政府职能转变。浙江在政府职能转变方面领跑全国，尤其是实施"四张清单一张网"以来，政府的职能边界愈加清晰。但也必须承认，目前的政府职能范围、职能界定和职能科学化等问题，都依然存在诸多模糊、交叉和混乱之处。当前正值"最多跑一次"改革如火如荼之时，应以此轮改革为契机，进一步梳理并规范政府的职能范围，将本不属于政府的职能剥离出去，并把一些政府管不好、市场和社会有能力履行的事务交给市场和社会。进一步梳理规范政府内部的职能关系，理顺并优化条块之间、部门之间和上下级之间的职权范围，从而在动态优化和推进政府职能转变过程中发挥更有效的作用。

其次，应以"最多跑一次"改革推进政府管理服务标准化建设。

长期以来，由于政府管理服务长期滞后于经济社会发展，许多法规政策频繁调整变化，使得政府管理服务面临无标准可依、不同标准之间相互打架、制度标准不规范等各种问题，严重阻碍了政府管理服务的现代化。近些年来，各级部门积极探索以标准化建设为基础推动政府管理服务的规范化，大大提升了政府治理绩效。但在标准化建设中，也存在盲目制定标准、标准难以履行等问题，而这些问题的背后，是缺乏对政府体系的系统认知和以群众需求为导向的规划。此次“最多跑一次”改革，为系统谋划各级政府部门的标准化提供了良好机遇，省级层面可以以此出台标准化建设的基本原则和指导意见，来更加系统科学地推进政府管理服务各领域各环节的标准化建设。

再次，应以“最多跑一次”改革推进政府协同体系建设。当前“最多跑一次”改革的成效，在很大程度上是基于政府协同带来的。由省政府牵头的数据共享规划、各审批事项的联审联批，实际上都是朝着政府协同方向所做的努力。这也反映了政府部门的分割和碎片化，是阻碍“最多跑一次”改革的关键性问题。在“最多跑一次”改革创新中，各地总结积累了大量推动政府协同的办法和经验，省政府可以此为基础，总结规律，加强协调，以数据共享为基础平台，以强化部门协同为导向，推动机构改革和基层服务平台建设，加强政府监管体系建设，从而改变政府条块之间、部门之间的碎片化现状，构建整体性的政府治理新格局。

（二）以“最多跑一次”改革推动社会治理现代化

以“最多跑一次”改革推动构建政社良性互动关系。社会治理体系现代化是治理体系与治理能力现代化的重要内容。社会治理体系现代化首先需要构建一个良性的政府与社会互动关系。长期以来，政府与社会之间的关系缺乏良性互动的基础，一方面政府对社会拥有大量的管理事务，过多的事务管理不但使管理服务过于粗放，而且限制着社会自我管理服务能力的提升；另一方面，政府管理服务存在过多的繁文缛节，在管理服务中难以与社会建立基本的互信关系。"最多跑一次"改革聚焦于政府自我瘦身和自我能力提升，为构建新型政府与社会关系提供了新的可能。因此，通过"最多跑一次"改革，进一步强化社会参与和社会监督，有助于推动构建更加和谐良性的政社关系，从而为社会治理现代化奠定基础。

以"最多跑一次"改革提升基层治理和服务能力。良好的社会治理对政府而言，根本的在于基层治理和服务能力的优化和提升。"最多跑一次"改革为探索和优化基层治理和基层服务能力提供了新的突破口。中共中央办公厅、国务院办公厅印发的《关于加强乡镇政府服务能力建设的意见》提出要求，到 2020 年，"乡镇政府服务能力全面提升，服务内容更加丰富，服务方式更加便捷，服务体系更加完善，基本形成职能科学、运转有序、保障有力、服务高效、人民满意的乡镇政府服务管理体制机制"。因此，"最多跑一次"改革，应与基层治理和服务能力的整体提升综合协调推进，如将"最多跑一次"改革与基层的"四个平台"建设有机结合，将"最多跑一次"改革与有效激发社会参与监督的机制有机结合，从而使"最多跑一次"改革成为提升基层治理和服务能力的"助推器"和"发动机"。

以"最多跑一次"改革强化社会自我治理能力。"最多跑一次"改革是政府职权的自我调整和优化，也是进一步激发市场和社会活力的系统化改革举措。因此，"最多跑一次"改革需要与强化社会自我治理和自我服务能力紧密结合。通过积极简化社会组织登记注册的审批流程，鼓励社会组织的增长；通过强化政府对社会组织活动的监管，引导社会组织健康发展；通过下放审批权力、增强数据协同运用，提升社区治理和服务能力；通过整合强化社会监督政务的平台建设，增强社会参与积极性。

（三）以“最多跑一次”改革推动市场治理现代化

现代治理体系是基于市场有效运转的治理体系。因此，治理体系和治理能力现代化的过程，首先是市场治理现代化的过程。改革开放以来，我国的治理体系建设在很大程度上是在推动市场治理现代化的过程中不断发展的，没有有效的市场活力、市场秩序和市场治理能力，就不可能有现代化的治理体系。党的十八届三中全会提出，要让市场在资源配置中起决定性作用。在浙江省第十四次党代会报告中，也明确浙江将通过深化改革使市场在资源配置中起决定性作用。

以“最多跑一次”改革激发市场活力。“最多跑一次”改革，就是尽最大可能减少审批事项和审批流程，为企业和群众提供服务便利。因此，“最多跑一次”改革是进一步激发市场活力的改革。在新的改革起点上，在涉及市场主体的各种审批事项中，应当以是否能够进一步激发市场主体的活力作为改革的出发点和基本原则，对各项改革内容进行深入论证和细化，通过改革科学化减少审批流程，增进市场主体的参与感和竞争力，使“最多跑一次”改革成为服务型政府建设的新起点，不断提高为企业办事的效率和满意度。

以“最多跑一次”改革强化市场监管。政府审批的责任是规范市场主体的活动，减少行政审批的目的是推动市场良性竞争。因此，要避免过去一些审批改革中出现的审批简化带来监管缺失的问题，减少行政审批必须与强化政府监管紧密结合、两者协同规划。在法律框架内，需将“最多跑一次”改革与市场监管体制改革有机结合，倡导并推动各级政府和部门在改革中充分论证审批流程简化所带来的监管风险问题，从而使改革不但激发市场活力，而且强化政府监管能力。

以“最多跑一次”改革推进审批中介改革。在政府审批中，审批中介问题一直是改革中的重点和难题。全省范围内的“最多跑一次”改革，为系统化改革审批中介问题提供了契机。当前应系统梳理哪些领域是必须有审批中介的，哪些领域的审批中介是不必要的，哪些领域的审批是可以一揽子统一论证的。在“最多跑一次”改革框架内可展开一系列改革，包括对审批中介服务进行规范，推进审批部门和审批中介脱钩，强化审批中介的透明度和竞争机制，降低审批中介的服务价格等。

参考文献

一、专著

习近平：《习近平谈治国理政》，外文出版社 2014 年版。

习近平：《干在实处 走在前列——推进浙江新发展的思考与实践》，中共中央党校出版社 2006 年版。

习近平：《之江新语》，浙江人民出版社 2007 年版。

段龙飞：《我国行政服务中心建设》，武汉大学出版社 2007 年版。

周黎安：《转型中的地方政府：官员激励与治理》，格致出版社、上海人民出版社 2008 年版。

郑永年：《技术赋权：中国的互联网、国家与社会》，邱道隆译，东方出版社 2013 年版。

［英］鲍利特：《重要的公共管理者》，孙迎春译，北京大学出版社 2011 年版。

曾维和：《当代西方国家公共服务组织结构变革：基于服务需求复杂性的一项探讨》，中国社会科学出版社 2010 年版。

二、论文

王浦劬、赖先进：《中国公共政策扩散的模式与机制分析》，载《北京大学学报（哲学社会科学版）》2016 年第 6 期。

张成福：《责任政府论》，载《中国人民大学学报》2000 年第 2 期。

鲍静、张勇进：《政府部门数据治理：一个亟需回应的基本问题》，载《中国行政管理》2017 年第 4 期。

郁建兴、徐越倩：《从发展型政府到公共服务型政府——以浙江省为个案》，载《马克思主义与现实》2004 年第 5 期。

韩兆柱：《责任政府与政府问责制》，载《中国行政管理》2007 年第 2 期。

翟云：《“互联网＋政务”：现实挑战、思维变革及推进路径》，载《行政管理改革》2016 年第 3 期。

马飞炜、卢福营、李莉：《便民服务与地方政府管理创新——以浙江省上虞市便民服务中心为例》，载《宁波大学学报·人文科学版》2011 年第 4 期。

王峰：《地方政府社会管理与服务创新的路径：以浙江湖州行政审批服务为研究对象》，载《辽宁行政学院学报》2012 年第 5 期。

何增科：《地方治理创新与地方治理现代化——以广东省为例》，载《公共管理学报》2017 年第 2 期。

钱颖一、许成钢：《中国的经济改革为什么与众不同：M 型的层级制和非国有部门的进入与扩张》，载《经济社会体制比较》1993 年第 1 期。

陈桂龙：《汪玉凯：“互联网＋政务服务”是打造智慧政府的新路径》，载《中国建设信息化》2017 年第 1 期。

后　记

中共浙江省委党校、浙江行政学院始终围绕中央和省委、省政府的重大决策部署开展教学科研咨询工作。浙江省委、省政府启动“最多跑一次”重大改革之后，省委党校成立了专门的课题组，一直进行跟踪研究。课题组先后三次赴全省各地进行密集调研，多次参与各种研讨和交流，有三份资政报告得到省委主要领导批示。在此基础上，在省委党校常务副校长陆发桃同志的部署下，课题组开始书稿的编写工作。

本书的写作提纲由陆发桃同志拟定。导论部分由陈宏彩教授撰写，第一章由李一教授撰写，第二章由陈宏彩教授撰写，第三章由胡重明博士撰写，第四章由张鸣博士撰写，第五章由陶建钟教授、陈娟副教授、顾金喜副教授、易龙飞博士、胡重明博士撰写，第六章由刘力锐副教授撰写，第七章由屈群苹副教授、顾金喜副教授、张鸣博士、胡重明博士、易龙飞博士撰写，第八章由汪锦军教授撰写。全书由陈宏彩统稿，陆发桃审定。

本书的编写和出版得到省委宣传部、省编办等省直部门，以及许多地市党政部门、浙江人民出版社等的大力支持和帮助，在此表示衷心的感谢。在省委、省政府的坚强领导和全省各级党政部门的共同努力下，“最多跑一次”改革每天都有新进展，课题组对全省经验的总结及改革成果的概述难免挂一漏万。我们将以党的十九大精神为指引，继续对“最多跑一次”改革进行跟踪研究，努力为“四个强省”和“六个浙江”建设贡献我们的绵薄之力。

本书编写组

2017年10月18日